Das Ehe(garten)buch
Roger und Donna Vann

Ein Handbuch für Eheleute

Das Ehe(garten)buch

Roger und Donna Vann

Editions Trobisch

Die Originalausgabe erschien unter dem Titel
SECRETS OF A GROWING MARRIAGE
im Verlag Here's Life Publishers, USA.
© 1985
ISBN 3-87827-010-0

2. Auflage 1990
Copyright der deutschen Ausgabe
© 1989 Editions Trobisch, Postfach 2048, 7640 Kehl/Rhein.
Übersetzung: Hartmut Sünderwald
Gesamtherstellung: Ebner Ulm

Die Bibelverse wurden der revidierten Lutherbibel entnommen.

Inhaltsverzeichnis

Anerkennung

Für Ermutigung und redaktionelle Kommentare danken wir Joe und Diane Webb, Roger Randall, Linda Anderson, Jim Morud und Les Stobbe. Für treue Dienste in vielen Stunden des Tippens bzw. Kinderhütens geht unser herzlicher Dank an Tuija Tuomenen, Lynn Van Pykeren und besonders an Sieglinde Becker.

Beim Sammeln von Erfahrungen gläubiger Ehepaare halfen uns Dutzende von Ehepaaren, die unsere Fragebögen ausfüllten oder die Testbögen nach den Wochenendausflügen zu zweit beantworteten. Auch ihnen gilt unsere tiefe Dankbarkeit an dieser Stelle.

Die Verfasser

Roger und Donna Vann haben seit 1978 Ehe(bereicherungs)seminare sowohl in Amerika wie auch innerhalb Europas durchgeführt. Ihr »Ehegartenbuch« entstand aus der umfangreichen Arbeit mit Ehepaaren, aber auch durch Erfolge und Enttäuschungen, die sie beim Bearbeiten ihres eigenen »Ehegartens« erfahren haben. Nach dem Abschluß seines Studiums (1967) an der Universität von Texas schloß sich Roger einer internationalen, überkonfessionellen, christlichen Organisation an, wo er zuerst unter Studenten und später als Berater für Gemeindewachstum tätig war. Er und seine Familie zogen 1980 nach Neuenburg am Rhein nahe dem europäischen Hauptbüro dieser Organisation. Roger reist nun innerhalb Westeuropas als Koordinator für den Film »Jesus«. Nach dem Abschluß an der Southwestern Universität (Texas) arbeitete Donna als Oberschullehrerin und freischaffende Schriftstellerin. Jetzt schreibt sie Kinderbücher für einen christlichen Verlag in England. Die Vanns haben eine Tochter im Teenageralter, Lisa, und zwei Vorschüler, David und Millay. Durch das Halten von Eheseminaren und Eheseelsorge in zehn verschiedenen Ländern und Kulturen haben die Autoren aus erster Hand erfahren, daß die Herausforderungen einer »Ehekultivierung« überall sehr ähnlich sind. Ihr Buch bietet praktische Hilfe und Ermutigung für jedes Ehepaar, das Verlangen hat, aktiv zur Förderung ihrer Ehebeziehung beizutragen. Fröhliche Gartenarbeit!

Eine wichtige Anmerkung des Übersetzers

Neben der oben genannten Kombination von Bildung, Arbeit und Erfahrung bringen die Autoren dieses Buches noch etwas anderes ein, nämlich ihren besonderen Schreibstil. Dieser Stil zeigt sich in der Offenheit, mit der das eigene alltägliche Eheleben dargestellt wird, in der Ausdrucksweise sowie im methodischen Aufbau.

Anstatt nun alles »gründlich« zu »verdeutschen«, habe ich versucht, diesen Stil zu wahren. Der Mangel an trockenen Verallgemeinerungen und die Fülle praktischer Lebenserfahrungen mit dem Herrn machen dieses Buch hilfreich. Letztendlich liegt das Besondere dieses Buches darin, daß es ja als Arbeitsbuch gedacht ist.

Dr. Hartmut Sünderwald

Teil I

Vor dem Ausflug

1 Ihr Ehegarten

Auf ein neues planen und pflanzen

Selbst in den besten Beziehungen scheint zuweilen alles auseinanderzufallen.

So geschah es auch an dem Tag, als ich meiner Frau einfach mit einem ehrlichen »Nein!« antwortete. Sofort flogen mir ein Paar Schuhe, drei wuchtige Kataloge und ein Sortiment an Landkarten und sonstigen Papieren um die Ohren.

Meine Frau Donna hatte mir eine direkte Frage über einen bestimmten Bereich in unserer Beziehung gestellt. Leichtsinnigerweise gab ich ihr darauf eine offene Antwort. Diese nahm sie zum Anlaß, mich so zu bombardieren.

Wir beschlossen, lieber spazierenzugehen, um klare Gedanken fassen zu können. Es dauerte mehrere Stunden über einen Zeitraum von zwei Tagen, ehe wir nach langen Spaziergängen und Gesprächen das Problem lösen konnten. Allmählich begriff Donna, warum ich solche Gefühle hatte. Und ich fing an, meine eigene Rolle bei der Entstehung der Kluft zu erkennen.

Wie leicht ist man doch frustriert, wenn in der Ehepartnerschaft irgendein verborgener Groll plötzlich auftaucht und es keine Gelegenheit gibt, darüber zu sprechen. Beispielsweise gibt der Mann seiner Frau beim Frühstück so nebenbei bekannt, daß er zum Abendessen nicht zu Hause sein wird, was die Frau mit einem vorwurfsvollen Schweigen zur Kenntnis nimmt. Oder die Frau versteckt die hohe Telefonrechnung flink unter einem Stapel Briefe und geht einkaufen, um einen Zornausbruch seitens des Mannes zu vermeiden.

Kann man da nicht von »Glück« sagen, daß wir zufällig mehrere Stunden Zeit zur Verfügung hatten, als unsere heftige Auseinandersetzung stattfand?

Mit »Glück« hatte es jedoch nichts zu tun. Diese »freie Zeit« war sorgfältig eingeplant: Mindestens zweimal im Jahr machen wir einen Eheausflug – ein Wochenende zu zweit, bei dem es uns um das Wachstum in unserer Ehebeziehung geht.

Natürlich stand es nicht auf unserem Plan, daß Donna mir Schuhe an den Kopf werfen sollte. Wir hatten uns auch nicht vorgenommen, ganz so schmerzhaft offen miteinander umzugehen. Aber es geschah nun einmal, und wir hatten die Zeit, von jedem Winkel aus zu beleuchten, was uns trennte. Am Sonntagabend verstanden wir uns schon viel besser. Die unter Tränen gewonnenen Einsichten trieben uns nicht auseinander. Im Gegenteil, wir fühlten uns einander näher als je zuvor.

Am selben Wochenende sagte ich zu Donna: »Dies war eine so wertvolle Zeit – ich wünschte, alle unsere verheirateten Freunde könnten solche Ausflüge zu zweit unternehmen.« Das Ergebnis ist dieses Buch.

Ihr Ehegarten-Handbuch

Eine Ehebeziehung ähnelt einem Garten. Es muß darin umgegraben, gedüngt, bepflanzt, bewässert und gejätet werden. Donna und ich möchten Ihnen den Gedanken »einpflanzen«, selbst einen Eheausflug zu unternehmen. Wir möchten Ihnen Anleitungen geben, wie Sie während eines solchen Ausflugs die Kommunikation miteinander »kultivieren« können; und wir möchten Ihnen Ideen vermitteln, wie Sie Ihre Wochenenderfahrung im Gartenboden Ihres Alltags »verwurzeln« können.

Wir wünschen Ihnen die Freude, die wir erlebten, als wir neues Leben und eine neue Ordnung da aufkeimen sahen, wo einst nur ein verworrenes Durcheinander von Steinen und Unkraut geherrscht hatte. Wir haben dieses Buch nicht als einen Text über das Eheleben konzipiert, sondern als Handbuch, das immer wieder zu gebrauchen ist. Betrachten Sie es als Ihr Ehegarten-Handbuch!

Dieses »Handbuch« enthält drei Teile. Der erste Teil (Kapitel 1 bis 4) sollte gelesen werden, ehe man einen Ausflug zu zweit unternimmt. Das ist wichtig, weil hier erst einmal die rechte Einstellung entstehen soll. Dazu wollen wir Ihnen Ideen geben, wo und wie Sie dieses Zusammensein gestalten können. Der zweite Teil (Kapitel 5 bis 13) ist das eigentliche Ausflugs-»Arbeitsbuch«. Kapitel 5 sollte zu Beginn des Ausflugs gelesen werden; denn es gibt Ihnen eine Übersicht über diesen Teil und über Ihren »Gesprächsordner«. (Wir empfehlen Ihnen, Ihre Gedanken, was den Ausflug betrifft – Gestaltung, Durchführung, gefaßte Entschlüsse usw. –, in diesen Ordner zu schreiben. Er wirkt ergänzend und ist Ihr persönlicher Beitrag zu diesem Handbuch). Kapitel 6 bis 13 behandeln jeweils ein auf die Ehe bezogenes Thema, bei dem das Gespräch, die gegenseitige Bestätigung, das Gebet und gemeinsame Aktivitäten gefördert werden sollen.

Der dritte Teil ist so zusammengestellt, daß Sie die während des Ausflugs gewonnenen Ideen anwenden können. Wie sollen diese Ideen sich in Ihrem täglichen Leben auswirken? Wie können Sie weiter aufbauende Gespräche fördern? Lesen Sie dazu Kapitel 14.

Ich möchte noch erklären, daß Donna beim Schreiben dieses Buches ein gleichgestellter Partner war. Sie hat den größten Teil des eigentlichen Schreibens erledigt, nachdem wir uns stundenlang ausgetauscht haben. Der Einfachheit halber wird sich jedoch das »Ich« durchweg auf mich, Roger, beziehen.

Wir wissen wohl, daß ein Wochenende, wie wir es hier vorschlagen, kein Allheilmittel für alle ehelichen Mißstände ist. Aber für durchschnittliche gläubige Ehepaare, wie Donna und ich es sind, die enger zusammenwachsen wollen, können regelmäßige Ausflüge zu zweit wie »Ehedünger« wirken: Sie tragen zum Wachstum der Ehe bei.

Noch nicht überzeugt? Lesen Sie weiter!

2 Wachstum zu zweit

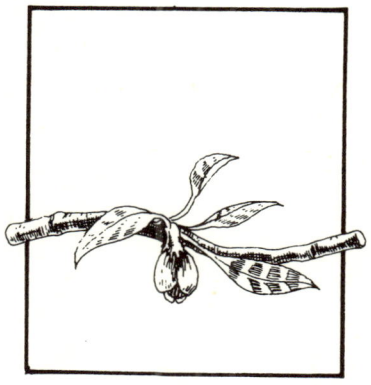

Eine Schutzmauer, keine Trennmauer bauen

Vor kurzem erlebte ich einen der peinlichsten Augenblicke im Leben. Es geschah zwischen geschäftlichen Verabredungen, als ich mein Auto an einer Selbstbedienungstankstelle auftankte. Für mich ist das Tanken eine automatische Angelegenheit. Tankkappe abnehmen, Zapfhahn aushaken, Zapfhahn in den Tankstutzen einführen, danach Zapfhahn zurückhängen, Tankkappe aufsetzen, bezahlen, weiterfahren. Ich könnte es mit verbundenen Augen erledigen.

Außer an jenem bestimmten Tag. Ich war in Eile, meine Gedanken waren irgendwo anders, und so ließ ich unbewußt einen wesentlichen Schritt aus.

Als ich das Gaspedal durchtrat, um wegzufahren, hatte ich plötzlich das Gefühl, als halte ein Riese mein Auto am hinteren Stoßdämpfer fest. Im gleichen Augenblick hörte ich ein ohrenbetäubendes Krachen, als Glas und Metall auf das Betonpflaster aufprallten.

Ich bremste und sprang aus dem Auto. Da sah ich den Benzinschlauch qualvoll auf eine unnatürliche Länge von sieben Metern ausgestreckt, wobei der Zapfhahn noch treu in der Öffnung meines Benzintanks steckte. Auf dem Pflaster lagen die zerbrochenen Metall- und Glasreste der Säule in einer immer größer werdenden Benzinlache. Benommen fragte ich:»Was ist denn hier passiert?«

Freie Fahrt mit dem »Tempomat«

Dies beschreibt in etwa die Situation, in der sich heutzutage viele Ehepaare befinden. Sie haben sich schon lange treiben lassen, während ihre Beziehung auf »Automatik« eingeschaltet war. Da alles in bester Ordnung zu sein scheint, hat Selbstzufriedenheit sie eingelullt. Sie meinen: »An unserer Ehe ist nichts auszusetzen. Nur gut, daß wir uns über einen Zerbruch unserer Beziehung keine Sorgen zu machen brauchen – wie so viele andere Ehepaare.« Dann aber – und oftmals ganz plötzlich – kommt es zur Katastrophe, und das Ganze zerbricht vor ihren ungläubigen Augen.

Eine unserer engsten Freundinnen erklärte einmal stolz: »Vielleicht habe ich einige Probleme im Leben, aber meine Ehe gehört nicht dazu. Da bin ich mir ganz sicher – wir brauchen uns keine Sorgen zu machen, jemals vor dem Scheidungsrichter zu stehen.« Trotzdem, nur wenige Jahre später saß sie weinend vor der Scheidungsurkunde.

Auf Abwärtskurs

An der Tankstelle hatte ich mich geistig mit eingeschalteter Automatik treiben lassen, anstatt der Pumpe und dem Einfüllzapfen mehr Aufmerksamkeit zu widmen. Es handelte sich ja nur um einfache, alltägliche Dinge. Aber wenn man sie nicht richtig bedient, können sie eine Katastrophe verursachen. In ähnlicher Weise gerät eine Ehe, die man in der »Gewohnheitsfurche« sich selbst überläßt, leicht auf Abwärtskurs. Sie kann in einen tödlichen Ablauf einrasten, den man nur schwer stoppen kann – selbst wenn die Partner die besten Absichten haben. Emotionaler Zerbruch ist das fast sichere Resultat. Die Ehe durchläuft drei Phasen:

1. Romantik   2. Realität   3. Resignation/Rekonstruktion

Phase 1: Romantik
Wenn zwei gläubige Partner gemeinsam ihren Ehegarten bestellen wollen, sind sie voll positiver Gefühle. Sie akzeptieren einander völlig und fühlen sich beständig von wärmender Glut umgeben.

Phase 2: Realität
Allmählich verlöscht die Glut, und jeder kann nun mit peinlicher Deutlichkeit die Fehler des Partners erkennen. Sie treten zurück, um sich mit kritischeren Blicken zu betrachten. Jeder sieht nun, wie die Schwächen des Partners sich zu einer Barriere zwischen ihnen aufbauen. In dieser Phase kommt es oft zu nutzlosen Versuchen, den Ehepartner zum gewünschten »Idealpartner« umzugestalten.

Phase 3: Resignation
Die Barriere wächst höher, je mehr Schwächen und Probleme zutage treten. Und schließlich verläuft eine Trennmauer mitten durch den Garten! Gefühle der Distanz verwandeln sich in Groll. Weil die Partner aufgeben, führt nun jeder sein eigenes Leben. Vielleicht fängt man sogar an, sich nach anderen Quellen der Befriedigung umzusehen.

An diesem Punkt geschieht etwas viel Gefährlicheres als bloße Stagnation. Die »gefräßigen« Feinde des Ehegartens kriechen näher heran, um zu sehen, welche Früchte sie stehlen können. Sie werden keine Schwierigkeiten haben, denn die Partner sind ja getrennt, und jeder läßt den anderen ungeschützt und angreifbar dastehen. (Wir werden diese Feinde in Teil 2, Kapitel 7, wo von der geistlichen Einheit die Rede ist, identifizieren.)

Doch eine Ehe braucht nicht in bloßer Resignation zu enden. Gott hat einen besseren Plan, nämlich . . .

Phase 3: Wiederaufbau
Um zu verhindern, daß Probleme eine Trennmauer zwischen den Ehepartnern bilden, können diese jeden Konflikt oder Steinblock als ein gemeinsames Projekt betrachten. Sie können zusammen daran arbeiten, die Blöcke, die bisher zwischen ihnen standen, um ihren Garten außen herum zu verlegen. Nach einiger Zeit bilden gerade diese sonst trennenden Blöcke eine einigende Schutz- und Verteidigungsmauer um ihren Garten herum. Ist der Garten erst einmal gegen feindliche Angriffe gesichert, kann das Ehepaar sich auf die gemeinsame Kultivierung konzentrieren, und der Ehegarten wird aufblühen.

Wie kann ein Ehepaar den Abwärtskurs stoppen und eine fruchtbare Beziehung herstellen? Die Partner müssen als »Zweigespann« arbeiten, um ihre Ehe zu kultivieren und die Blöcke zu verlegen. Ich glaube zwar, daß Gott auch die Treue eines Partners ehrt, der die ganze Arbeit allein leistet, aber das ist nicht seine ursprüngliche Absicht. Gott will, daß beide Partner zusammenarbeiten, um das Wachstum zu ermöglichen. Der Ehegarten wird auf diese Weise gute und gesunde Früchte tragen, und sogar zufällig Vorbeigehende werden dann neugierig herüberblicken.

Eine Möglichkeit, den Ehegarten gemeinsam zu kultivieren, sind regelmäßige Ausgehtermine. Donna und ich gehen ungefähr zweimal monatlich abends aus. Dabei geht es uns nicht darum, einmal ohne die Kinder zu sein (obwohl das an sich schon einen großen Wert hätte, besonders für die Frau), sondern wir wollen uns wirklich Zeit zum Austausch und Planen nehmen.

Tieferes Umgraben braucht Zeit

Für echte Kommunikation muß man sich jedoch viel Zeit nehmen. Man braucht mehr als ein paar Stunden Abwesenheit von zu Hause, um Tieferes aufzudecken. Selbst wenn ein entscheidendes Thema beim Kaffee angeschnitten wird, fehlt die Zeit, es durchzusprechen. Man bezahlt und kehrt zum selben Streß zurück, der ja gerade zur Krise beiträgt.

Zuvor erwähnte ich die Begebenheit, bei der Donna mich mit Schuhen und Katalogen beworfen hatte. Dies führte zu einem Gespräch, das für das Wachstum unserer Ehe schon längst überfällig war. Wir hatten immer wieder etwas unter den Teppich gekehrt. Natürlich hatten wir schon monatelang versucht, in einigen Nachtgesprächen damit fertig zu werden. Da wir aber meistens recht müde waren, ergab sich bald ein gewisses Verhalten, in dessen Verlauf Donna in Tränen ausbrach und ich (»vernünftig« wie ich nun einmal war) reagierte darauf mit den Worten:»Laß uns schlafen gehen. Wir werden ein andermal darüber reden, wenn du nicht so erschöpft bist.«

Doch dazu kam es nie. Wie Sie, so haben auch wir die edelsten Absichten bezüglich einer mehr als oberflächlichen Beziehung. Es sind – so sagten wir uns – eben nur die Kinder und die Arbeit und Reisetermine und unerwartete Gäste und Telefongespräche und Abendveranstaltungen schuld daran, daß wir nie dazu kommen! Alles scheint sich gegen uns verschworen zu haben, damit wir keinen tieferen Kontakt zueinander finden.

So kam es, daß wir unsere Gefühle nie ans Tageslicht bringen konnten, wo wir sie in Ruhe und unparteiisch hätten untersuchen können. Es war so, bis wir uns einige Tage »von der Welt« zurückzogen. Selbst da vermochten wir zuerst nicht, unvoreingenommen zu sein – bei weitem nicht! Erst als wir miteinander redeten und beteten, erlangten wir beide eine gesunde Sachlichkeit, wie sie in der familiären Umgebung der eigenen vier Wände fast unmöglich ist. Wir riefen während unseres Zweierausflugs sogar unseren Babysitter an und fragten, ob wir noch einen Tag länger fortbleiben könnten! Sie sagte zu, und wir blieben. Unsere Ehe ist seither wie umgewandelt.

Wie Sie sehen können, sind solche Wochenenden mehr als zweite Flitterwochen (so wertvoll diese auch sein können). Sie sind vielmehr Gelegenheiten zu qualitativem Austausch. Sie geben einem nicht nur Zeit für heilende, sondern auch für vorsorgende Gespräche in Form von Planungen. Diese Ausflüge können dazu beitragen, daß Ihre Familie, die in der Zentrifuge unserer Gesellschaft herumgewirbelt wird, – geeint und instand gesetzt – mit jedem Jahr enger zusammenwächst.

Reif für einen Ausflug

Betrachten Sie die folgende Szene im Leben eines durchschnittlichen gläubigen Ehepaars:

Hans beschleunigte das Tempo seines Autos bei der Auffahrt auf die Stadtautobahn und schloß sich dem trägen Verkehrsstrom in die Außenbezirke der Stadt an. Er fuhr mechanisch, seine Gedanken auf das große Projekt fixiert, das in der Firma im Entstehen war. »Die Arbeit scheint immer nur von einem Termin zum anderen zu laufen; ich kann mich nicht erinnern, daß es jemals weniger hektisch war.«

»Tagchen, Liebes!« rief er, als er von der Garage in die Küche kam. Laura murmelte eine Begrüßung und rührte mit gerunzelter Stirn in dem Eintopf weiter. Sie lächelte Hans flüchtig zu, als seine Lippen ihre erhitzte Wange streiften.

Hans seufzte und dachte: »Was für eine Begrüßung! Ich wünschte, sie würde mir in die Arme fallen – wie früher, wenn ich nach Hause kam.«

Die Kinder plapperten und zankten sich beim Essen wie gewöhnlich. Gedankenversunken, wie er war, bemerkte Hans dennoch, daß Laura ungewöhnlich still war. »Irgend etwas macht ihr zu schaffen – ich habe in den letzten Tagen schon mehrere Signale der Enttäuschung von ihr erhalten. Nun ja, sie kann nicht erwarten, daß ich mich an einem Montagabend darum kümmere. Ich bin total erschöpft, und bei der Sportschau im Fernsehen montagabends laß ich mich einfach durch nichts stören. Das weiß sie! Morgen abend ist noch früh genug.«

Hans schaute bis spätabends fern. Als er danach ins Bett ging, kam Laura und setzte sich auf seine Bettseite. »Hans . . .«, fing sie zögernd an. »Schatz, laß uns noch kurz beten – und dann Licht aus für heute«, unterbrach er. »Ich bin todmüde. Das hat doch bis morgen Zeit, oder?«

Laura versteifte sich. »Wir reden nie miteinander«, dachte sie. »Jedenfalls nicht so richtig. Er denkt immer nur an seine Arbeit! Wenn er nur etwas für meine Gefühle übrig hätte, wüßte er, was mir zu schaffen macht.« Statt dessen sagte sie nur müde: »Hast du vergessen, daß Mutter morgen kommt?«

»Ja, ja«, Hans war zu müde, um auf die Emotionen zu reagieren, die ihm nach dieser Aussage entgegenschlugen.»Ich hab's vergessen, Liebes. Tut mir leid. Aber heute abend bin ich völlig fertig.« Er hielt ihre Hand und sprach ein kurzes Gebet, ehe er ihr einen Gutenachtkuß gab.

»Wenn er meint, durch ›Geistlichtun‹ alles beschönigen zu können, dann hat er sich aber getäuscht!« dachte Laura. Sie betete nicht.

Solche Situationen sind nichts Ungewöhnliches. Ähnliches hat sich auch schon in meiner eigenen Ehe zugetragen. Ich würde sagen, für Hans und Laura wäre es Zeit, einen Ausflug zu zweit zu unternehmen.

Zugegeben, es ist nicht leicht, einen solchen Ausflug möglich zu machen – sich für zwei oder drei Tage zurückzuziehen und ohne Kinder zu sein (Ideen dazu finden Sie in Kapitel 4). Aber jede Anstrengung in dieser Hinsicht lohnt sich. Man könnte es heutzutage mit weisen finanziellen Investitionen vergleichen, die in kommenden Jahren große Zinserträge einbringen.

Nicht nur süße Nichtigkeiten

Worüber werden Sie reden, wenn Sie sich erst einmal von der Welt zurückgezogen haben, sich gegenübersitzen und mehrere Stunden Zeit haben?»Süßspeise« ist ganz angenehm – zum Nachtisch. Aber bei den meisten Ehepaaren sind spezifische Dinge gefragt, sozusagen»feste Speise«. Es geht darum, eine eheliche Einheit zu erlangen, die Christus verherrlicht. Aus diesem Grunde haben wir eine Anzahl von Fragen nach Themenbereichen zusammengestellt, die Ihnen helfen sollen, über die tieferen Bedürfnisse Ihrer Ehe und Familie zu reden.

Bevor wir uns auf bestimmte Themen festlegten, befragten wir ungefähr fünfzig gläubige Ehepaare. Sie hielten folgende Bereiche für ein Arbeitsbuch dieser Art für wichtig:

- Kommunikation
- Geistliche Einheit
- Gegenseitiges Verständnis
- Sexuelle Vertrautheit

- Leben nach Prioritäten
- Finanzen
- Kindererziehung
- Dienst an anderen

Die Liste könnte sicherlich ergänzt werden. Aber dies sind die Hauptblöcke, die entweder eine christliche Ehe trennen oder einen

21

und schützen. Sie werden im zweiten Teil über jeden dieser Themenbereich ein Kapitel finden. Diese Kapitel sollen einem Ehepaar zeigen, wie man jeden Block anpacken und dazu verwenden kann, um die Trennmauer zu einer Schutzmauer umzubauen. Donna und ich haben intensiv daran gearbeitet, dieses Arbeitsbuch für gläubige Ehepaare so realistisch wie möglich zu machen. Selbst wenn für Sie kein ganzes Wochenende erschwinglich wäre – geben Sie nicht auf! In Kapitel 4 bieten wir einige Alternativen an. Meine Frau und ich hoffen, wenigstens noch weitere fünfzig Jahre verheiratet zu sein. Dabei haben wir nicht die Absicht, uns nur mit fünfzig Kalendern an der Wand zu begnügen, die allein davon zeugen. Vielmehr möchten wir einen stetig wachsenden, gut gepflegten und blühenden Garten vorweisen können, der allen, die ihn sehen, eine Freude ist.

In welcher Phase befindet sich *Ihre* Ehe?

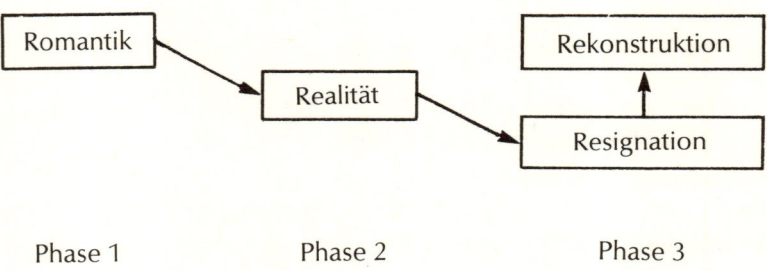

Phase 1   Phase 2   Phase 3

Es sollte doch klar sein, daß Eheleute ihrer Ehebeziehung genausoviel Aufmerksamkeit widmen müssen, wie es ein Geschäftsmann bei einem Büroprojekt, ein Prediger bei seiner wöchentlichen Predigt oder ein Student bei einem bevorstehenden Examen machen würde. »Ich hatte keine Zeit zum Studieren«, wäre für den Studenten eine lächerliche Ausrede. So ist es auch, wenn man sagt: »Wir hatten keine Zeit, an unserer Ehe zu arbeiten.« Wie Studium und Lernen zusammengehören, so auch sinnvolle Kommunikation und eine gesunde Ehe. Auch Jesus, obwohl er nicht verheiratet war, nahm sich besonders Zeit für die, die ihm am nächsten standen.

Ich freue mich jedenfalls über die Möglichkeiten, meine eigene Ehe durch unsere geplanten, regelmäßigen Ausflüge hegen und pflegen zu können. Dieselbe Bereicherung können auch Sie in Ihrer Ehe erfahren!

3 Prüfen Sie Ihren Eheboden

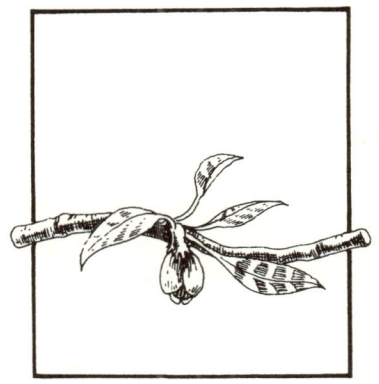

Drei wesentliche Nährstoffe für einen blühenden Garten

Wenn Sie sich nun beide daran machen, Ihren Ehegarten zu bestellen, sollten Sie zuerst den Boden untersuchen. Bücken Sie sich und nehmen Sie eine Handvoll auf. Ist er voller Kieselsteine? Ist er zu sandig? Enthält er genügend Mineralien und Nährstoffe, um Leben hervorzubringen?

So wie ein magerer Boden nur einen dürren Garten hervorbringen kann, wird der Mangel an bestimmten wesentlichen Beziehungsnährstoffen nur zu einer dürren Ehe führen. Wenn die grundlegenden Elemente fehlen, könnte sich ein Ehepaar noch so häufig im Jahr zurückziehen, und alle Anstrengungen wären umsonst.

Ich hoffe, daß Sie beim Untersuchen Ihres Ehebodens drei wesentliche Elemente vorfinden werden. Jedes davon bezieht sich direkt auf Ihre Fähigkeit, Gottes Liebe zu empfangen und weiterzugeben. Die drei wesentlichen Nährstoffe sind:
- *Gnade*
- *Verbindlichkeit*
- *Der Heilige Geist*

Der erste Nährstoff: Gnade

Das erste notwendige Element ist Gnade. Vielleicht klingt dies »superheilig«, daher wollen wir diesen Begriff erklären. In einem Wörterbuch (Wahrig) heißt es unter »Gnade« etwa: verzeihende Güte, Barmherzigkeit Gottes, Wohlwollen, Mitleid, Milde, Verzeihung, Straf- und Sündenerlaß, Gnadenbezeigung. Mit anderen

Worten: Gnade bedeutet, mit einem anderen eine Beziehung zu haben, die auf der Vergebung beruht. Vielleicht hat der andere die Vergebung überhaupt nicht verdient, aber die Gnade sagt:»Ich will dir aus freier Entscheidung heraus vergeben und dich lieben.« Dazu ein Beispiel aus meinem Alltag. Ich habe die schlechte Angewohnheit, für bestimmte Hausarbeiten »keine Zeit« zu haben, bevor ich auf eine Reise gehe. Wie oft habe ich schon versprochen, den Keller oder die Garage aufzuräumen. Aber dann blieb dafür keine Zeit übrig, und ich verschob es wieder. Ich bin froh, daß meine Frau dies meistens nicht zu der laufenden Liste von »Rogers typischen Fehlern« rechnet. Statt dessen sagt sie eher:»Können wir das auf deinen Terminkalender für den Samstag nach deiner Rückkehr schreiben?« Das ist Gnade.

Manchmal geschah es auch, daß ich meine Sachen für eine Geschäftsreise packte und dabei entdeckte, daß mein Lieblingshemd nicht gebügelt war. Wie leicht könnte ich da Donna anfahren und sagen:»Das Hemd war bereits drei Wochen lang in der Bügelwäsche! Was tust du überhaupt den ganzen Tag?« Nun, selbst ich kann sehen, daß meine Frau mit drei Kindern noch ein paar andere Dinge zu tun hat. Ich nehme mir einfach vor, sie ein paar Tage vor meiner nächsten Reise auf das Hemd hinzuweisen. Wenn sie zu dem Zeitpunkt zu beschäftigt ist, kann ich mein Hemd immer noch selbst bügeln.

Aber ich benehme mich nicht wie Martin Märtyrer, indem ich ihr ein Versagen als Hausfrau vorwerfe.

Die Leistungsfalle

Eine Gnadenbeziehung hat als Gegensatz den »Leistungsmaßstab«. Der Leistungsmaßstab fordert:»Tu dies, tu jenes, und ich werde dich annehmen. Dann, und nur dann, werde ich dich lieben.« Vor kurzem sah ich ein extremes Beispiel davon in einer Ratgeberspalte einer Zeitschrift. Eine Frau schrieb, ihr Mann habe ein kleines schwarzes Buch, in dem er schriftlich ihre körperlichen Liebesbeziehungen festhielt – mit Benotungen! Offensichtlich hatte dieser Mann noch nie etwas von Gnade gehört.

Während ich dies schreibe, erinnere ich mich auch an ein gläubiges Ehepaar. Im Leben vieler Menschen hat der Herr sie schon zum großen Segen werden lassen. Vor wenigen Jahren bewies die

Frau den Mut, auf die schmerzliche Untreue ihres Mannes mit Gnade zu reagieren. Wahrscheinlich wäre es ihr leichter gefallen zu sagen:»Du niederträchtiger Schuft! Wenn du mich noch einmal mit ihr betrügst, wirst du etwas erleben! Ändere dein Verhalten, wenn du jemals wieder meine Zuneigung haben willst!« Aber das tat sie nicht. Gnade sagt vielmehr:»Ich hasse, was du getan hast, aber ich liebe dich trotzdem.«

Die meisten von uns, hoffe ich, brauchen die Bedeutung von Gnade nicht erst in dieser massiven Weise zu lernen. Manchmal sind es gerade die kleinen Gereiztheiten und Unvollkommenheiten unseres Partners, bei denen es uns schwerfällt, Gnade walten zu lassen. Vielleicht deshalb, weil wir meinen, je kleiner der Fehler, um so leichter läßt er sich ausmerzen. Vielleicht rülpst der Mann laut, wenn Gäste zugegen sind. Falls seine Mutter ihm keine gute Manieren beigebracht hat, meinen wir, er könne doch bestimmt jetzt damit anfangen, sie zu lernen! Oder die Frau hat eine durchdringend schrille Stimme und gebraucht sie zu oft, um ihren Mann zu kritisieren. Warum könnte sie nicht auf seine überanstrengten Ohren Rücksicht nehmen und ein paar Dezibel leiser sein? Die kleinen Fehler veranlassen uns am häufigsten, unser geistiges Leistungsnotizbuch zu zücken und darin zu vermerken:»Wieder durchgefallen!«

Natürlich gibt es an Donna Dinge, die mir nicht gefallen. Aber ich bin sicher, wenn wir beide aufschreiben würden, was uns am anderen nicht paßt, wäre Donnas Liste die längere!

Wir sind nicht immer in der Lage, miteinander so wundervoll in Gnade umzugehen, wie ich es in den Beispielen gezeigt habe. Dennoch lieben wir uns herzlich – samt unseren Fehlern. Falls Sie meinen, eine solche Liebe sei unmöglich, haben Sie in gewisser Weise recht. Doch lesen Sie das Kapitel zu Ende. Vergebende Liebe, d. h. Gnade, wird dann möglich, wenn wir es Gott erlauben, unsere Einstellung und unsere Gewohnheiten umzugestalten.

Läßt Ihre Frau immer das Essen anbrennen? Schnarcht Ihr Mann wie eine Motorsäge? Waren Sie der Meinung, einen geistlichen Billy Graham oder eine geistliche Elisabeth Elliot geheiratet zu haben – und beim Aufwachen entdecken Sie, daß Sie mit einer ganz gewöhnlichen Person, wie Sie es selbst sind, werden auskommen müssen? Können Sie dann noch aufrichtig sagen:»Ich liebe dich«?

Das »*Phantom*« schlägt zu

Wenn Sie das nicht sagen können, haben Sie vielleicht zu sich selbst keine Gnadenbeziehung. »Ich entspreche nicht meinem eigenen Maßstab von einem Ehemann (oder einer Ehefrau).« Dann sind Sie ein Opfer des »Phantomsyndroms« geworden. Sie haben sich in Gedanken ein »Phantom« zurechtgelegt – ein Traumbild von einem perfekten Menschen, mit dem Sie sich beständig vergleichen.

Ich könnte mich zum Beispiel in Gedanken an einem idealen »Phantom«-Ehemann messen. Der wäre groß, dunkelhaarig und gutaussehend (ich bin weder das eine noch das andere). Er ist hochgelehrt in Theologie (ich bin der gesellige »Schnell-einen-Bibelvers-für-den-Tag-und-dann-los«-Typ). Er ist der perfekte Vater (ich denke, ich bin ziemlich gut, aber perfekt? – ganz und gar nicht). Und so weiter, bis ich von dem überwältigenden Eindruck meiner eigenen Unfähigkeit völlig gelähmt wäre.

Donna und ich konnten beobachten, wie sich das »Phantom«-Syndrom während der ersten Monate unserer Ehe bei uns einschlich. Der Herr nahm 1978 meine erste Frau, mit der ich zehn Jahre verheiratet war, durch einen Autounfall zu sich. Als Donna sich eine vollkommene »Phantom«-Ehefrau vorstellte, konnte sie ihr daher sogar einen Namen geben! Allmählich erkannte Donna, daß meine erste Frau gar nicht so vollkommen hatte sein können, wie sie befürchtete. Sie sah, daß Gott sie erwählt hatte, in unserer Familie die Frau und Mutter zu sein, und daß er sie gebrauchen und durch sie wirken wollte. Das gab ihr den Mut, sich selbst in einer Situation anzunehmen, in der sie sich sehr unfähig vorkam.

Es geht also darum, eine Gnadenbeziehung zu haben – man sieht zwar die Fehler, aber man liebt dennoch –, auch wenn es um die Beziehung zu sich selbst geht.

Wenn man bei anderen den Leistungsmaßstab anlegt – »Du mußt meinen Erwartungen entsprechen, wenn du meine Liebe willst« –, hat das oft eine noch tiefere Ursache. Als Christen vergessen wir häufig, daß der Herr mit den seinen gnädig ist. So kommt es dann zu der Einstellung, wie sie unsere Kinder uns eines Morgens beim Frühstück vorführten:

Millay (2 Jahre alt): »Saft! Will mehr Saft!«

David (3 ½ Jahre alt), ziemlich streng: »Erst mußt du Gott lieben, Millay. Wenn du Gott nicht liebst, bekommst du keinen Saft!«

Er erfand die Gnade

Im Gegensatz zu dem, was meine Kinder anscheinend gemeint haben, heißt es im christlichen Glaubensleben nicht: »Erst mußt du Gott lieben, und dann kannst du deinen Saft bekommen.« Vielmehr bewies Gott seine vergebende Liebe, indem er Jesus, seinen geliebten Sohn sandte, der an unserer Stelle getötet wurde. Wir selbst hätten sterben müssen für alles, was wir sind und getan haben. Aber Jesus kam, stellte sich vor uns und sagte zu Gott: »Ich nehme an ihrer Stelle die Strafe auf mich.« Eine Weihnachtskarte, die wir erhielten, drückt dies treffend aus: »Er kam und zahlte, was er nicht verschuldet hatte, weil wir verschuldet haben, was wir nicht zahlen können.«

Sobald wir dieses Geschenk der Liebe annehmen, treten wir in eine Gnadenbeziehung zu Gott dem Vater. Von dem Augenblick an sagt er zu uns: »Alle deine Sünden sind bezahlt. Ich will nicht, daß du noch weiter sündigst. Aber selbst, wenn du es doch tust, liebe ich dich trotzdem.« Wenn wir zu ihm kommen, wäscht er nicht nur unsere Weste rein – er wirft sie weg! Das ist Gnade.

Dies sollte nun die Grundlage all unserer Beziehungen sein. »Laßt uns lieben«, erklärt der Apostel Johannes, »denn er hat uns zuerst geliebt« (1. Johannes 4,19). Wer noch niemals seine Augen öffnete, um die Liebe Gottes zu erkennen, und noch niemals seine Hände öffnete, um sie zu empfangen, der wird kaum in der Lage sein, mit weit offenen Armen und liebevoller Vergebung seinen Ehepartner anzunehmen.

Wie ergreifen wir die Liebe, die wir brauchen? Stellen Sie sich einmal einen prunkvollen Palast vor. Sie betreten den Vorhof, in dem ein großer dreistöckiger Springbrunnen aus Marmor steht. Wasser sprudelt oben heraus und fließt über in die breiten Marmorbecken darunter. Das oberste Becken stellt ihr inneres Leben dar. Es erhält als erstes das Wasser. Wenn es voll ist, schwappt das Wasser über in das zweite Becken, das Ihren Ehepartner darstellt.

Sind beide oberen Becken voll, fließt das Wasser über zum dritten, zu Ihren Kindern, Ihren engsten Freunden und so fort.

Lassen Sie sich dieses Bild in Ihr Herz einprägen: *Die vergebende Liebe des Herrn zu Ihnen ist das Wasser, und er ist es, der es in Ihr Leben ausgießt.* Nur wenn Sie sich ihm beständig öffnen, werden Sie die wahre akzeptierende Liebe besitzen, die überfließt auf Ihren Ehepartner und auf andere Menschen in Ihrer Umgebung.

Die Wirklichkeit erkennen

Der Schwarzwald, eines der schönsten Fleckchen Erde, befindet sich ganz in der Nähe unseres Wohnortes. Donna und ich machen unsere Ausflüge oft dorthin. Wir fahren höher und höher, vorbei an Bergwiesen, dichten Tannenwäldern und grünen Tälern, die sich unter uns erstrecken.

Schon diese Landschaft allein ist atemberaubend. Aber an einigen wenigen Tagen im Jahr, nämlich an außergewöhnlich klaren Tagen, geschieht etwas Zauberhaftes. Von den Höhen blickt man weit in den Süden. Dort, über hundert Kilometer entfernt, steigen die majestätischen, schneebedeckten Schweizer Alpen empor.

Die Alpen sind natürlich immer da und ragen bis in die Wolken hinauf. Aber wegen des atmosphärischen Dunstes kann man sie nur selten aus dieser Entfernung sehen. So ist es auch mit der Liebe Gottes. Er liebt uns immer – mit einer Liebe, die so hochragend ist, daß wir nie den Gipfel sehen können. Nur der Dunst unserer täglichen Lebensatmosphäre hindert uns oft daran, mehr als einen blassen Schimmer jener Liebe aus der Entfernung zu erhaschen.

»Die Erde ist voll der Güte des Herrn«, schreibt der Psalmist (Psalm 33,5). Und doch, wie selten erkennen wir sie! Wir müssen Gott bitten, die Wolken beiseite zu schieben und uns seine vergebende Liebe zu zeigen. Sie ist zwar oft unsichtbar, umgibt uns aber immer. Diese Liebe ist die wahre Grundlage für unseren Umgang mit anderen Menschen in Gnade.

Der zweite Nährstoff: Verbindlichkeit

Ein zweites Nährstoffelement für unseren Ehegarten ist die Verbindlichkeit. Wie bei der Gnade ist die Bedeutung von Verbindlichkeit nur schwer definierbar. Für manche Leute ist sie durch übermäßigen Gebrauch aber abgenutzt worden. Andere scheuen sich überhaupt davor; für sie hat Verbindlichkeit den harschen, fordernden Klang der Haftpflicht. Wieder kommt uns hier das Wörterbuch zu Hilfe. Da heißt es unter »Verbindlichkeit«: Verpflichtung; andere Beschreibungen wären: Übernahme von Verantwortung, heiliges Versprechen, Übereignung, Ehrenwort, Gelübde, Gelöbnis, Bekenntnis, Garantie, Vertrag, Bund, Bündnis.

Ein bindender Vertrag

Die Ehe ist eine *Verpflichtung* vor Gott. Donna und ich gaben uns das *heilige Versprechen*, einander unser Leben zu *übereignen*, solange wir leben. Das ist ein besonderes *Ehrenwort*, das wir einander *gelobten* im öffentlichen *Bekenntnis* während unserer Trauung. Wir versprachen, einander treu zu bleiben. In unseren Augen war die Hochzeit ein bindender *Vertrag* miteinander. Wir hegten dabei keine Hintergedanken wie etwa: »Diese Verpflichtung gilt, solange alles läuft, wie ich es mir erhoffe . . ., solange Donna ihre jugendliche Figur behält . . ., solange Roger mir wirklich die Liebe schenkt, die ich brauche . . ., solange ich mich nicht in jemand anderen verliebe . . ., solange keiner von uns körperlich behindert ist . . ., solange . . ., solange . . .« Nein, wir haben beide einen *Bund* geschlossen und bleiben ihm treu, auch wenn der andere Partner uns zutiefst enttäuschen sollte.

Wenn Gnade die rechte tägliche Einstellung in einer Ehebeziehung ist, dann ist Verbindlichkeit das Siegel unseres Willens, das der gesamten Beziehung aufgedrückt wurde. Verbindlichkeit heißt: »Ich *erwähle* es, mit dir verheiratet zu bleiben, mich dir hinzugeben. Ich bin entschlossen, allen Härten ohne Umschweife zu begegnen und nie aufzugeben. Eine Scheidung kommt nicht in Betracht. Ich weigere mich, zu kapitulieren und zu sagen: ›Es hat einfach nicht geklappt.‹«

Für einen Christen sollte dies selbstverständlich sein. Aber wenn der Eheboden zu heiß wird, versuchen einige mit einer geistlich klingenden Ausrede das sinkende Schiff zu verlassen:»Ich habe wahrscheinlich ›nicht im Willen Gottes‹ geheiratet, darum sollten wir uns lieber scheiden lassen.«

»Du kannst es gar nicht schwierig genug machen!«

1971 bereiteten sich die Mitarbeiter unseres Werkes auf eine der größten Zusammenkünfte von Christen vor: Explo 1972. Im Büro arbeitete ein Team von uns unermüdlich daran, einen Kongreß von 80 000 Menchen aus allen Teilen der Vereinigten Staaten zu koordinieren. Irgend jemand erfand ein Schlagwort, das schließlich zum Motto des gesamten Kongresses wurde:»Du kannst es gar nicht schwierig genug machen, um mich zum Klagen zu bringen.«

Auch wenn Mitarbeiter die ganze Nacht wegen letzter Vorbereitungen arbeiten mußten? Oder wenn Kongreßteilnehmer auf dem harten Fußboden schlafen mußten, weil es keine Matratzen mehr gab? Selbst wenn sie einen ganzen Abend in strömendem Regen sitzen mußten?»Du kannst es gar nicht schwierig genug machen, um mich zum Klagen zu bringen«, sagten sie zueinander und ermutigten sich so zum Weitermachen.

Läßt der Ehemann sich auf irgendwelche unklugen Investitionen ein, die der Familie die finanzielle Sicherheit rauben? Ist die Frau von Kindern und Hausarbeit zu erschöpft, um Geschlechtsverkehr zu haben?»Du kannst es gar nicht schwierig genug machen, um mich zum Klagen zu bringen.«

Dies ist die Gesinnung der Verbindlichkeit.

45 % + 30 % = Probleme!

»Verbindlichkeit« bedeutet für mich ebenfalls »Geben«. In einer Ehe fällt man leicht in die Einstellung:»Was habe ich davon?« Mag sein, daß dies gut geht, wenn der andere Partner eine äußerst selbstlose, gebende Person ist. Meistens ist es jedoch so, daß beide nur bereit sind, ihre 50 % beizusteuern und soviel wie nur möglich für sich selbst »herauszuholen«. Es dauert nicht lange, bis der eine oder andere zuerst auf 49, dann auf 48 % zurückrutscht. Der andere rächt sich, indem er sich auf 45 Prozent zurückzieht. Damit hat der

Abrutsch begonnen. Die einzige Gewährleistung für eine solide Grundlage der Verbindlichkeit ist die, daß jeder Partner bereit ist, 100 Prozent zu geben. Ich sage »bereit ist«, denn wir sind schwach und nicht unfehlbar. Zuzeiten befindet sich ein Partner gerade in einer Krise und kann überhaupt nicht viel geben. Die Frau ist schwanger, oder der Mann hat seine Arbeitsstelle verloren. In schwierigen Zeiten müssen wir die Empfangenden sein, damit wir uns wieder erholen können. Trotzdem sollte die Grundeinstellung der Verbindlichkeit vorhanden sein, die unsere Beziehung untermauert.

Donna und ich haben darüber gesprochen, was wir tun würden, falls der andere ein Invalide würde – oder noch schlimmer, falls der andere in ein Koma versänke, das Jahre andauerte. Wir haben zwar keine Patentantworten darauf gefunden, aber das bloße Gespräch darüber hat uns geholfen, die Tiefe unserer gegenseitigen Verbindlichkeit etwas mehr zu ergründen.

Widerstandsfähig gegen Schläge

Vor einiger Zeit sahen wir im Fernsehen den Ausschnitt eines Basketballspiels. Team A hatte den Ball und dribbelte zur gegnerischen Seite hinüber durch die Verteidigung von Team B. Da ergab sich eine Öffnung, und der Stürmer lief mit dem Ball vorwärts, um ihn in den Korb zu werfen. Als der Ball auf den Metallreifen aufprallte, geschah etwas Unglaubliches. Beim Aufprall des Balles »explodierte« das Brett, an dem der Metallreifen angebracht war und zerfiel in unzählige Stückchen.

Die Verbindlichkeit in der Ehe ist wie dieses Brett. Sie muß widerstandsfähig sein, um den »Schlägen« standzuhalten. Wenn ein Ehepartner denkt:»Wir versuchen es mit der Ehe und werden schon sehen, was geschehen wird«, ist die Auflösung dieser Beziehung nur eine Frage der Zeit. Es war lustig zu sehen, wie das Brett in Stücke zerfiel, jedoch ist es nicht so amüsant zu beobachten, wie eine Ehe in die Brüche geht.

Wie die Gnade, so kann auch die Verbindlichkeit wachsen und sich vertiefen, wenn die Ehepartner ihr Leben von der vergebenden Liebe Gottes durchfluten lassen.

Der dritte Nährstoff: Der Heilige Geist

Vielleicht denken Sie jetzt: Eine Beziehung in der vergebenden Gnade und der Verbindlichkeit ist eine wunderbare Idee, aber wie kann man das überhaupt schaffen? Der Schlüssel dazu liegt im dritten Grundnährstoff: dem Wirken des Heiligen Geistes in Ihrer Ehe. Ohne das kraftspendende Wirken des Geistes Gottes wäre eine Ehe so leblos wie ein Garten voller künstlicher Blumen. Mit seiner Gegenwart aber kann der Garten leben und wachsen und Gott viel Ehre bringen. Gottes Geist ist es, der uns hilft, Gottes Liebe in die tägliche Wirklichkeit umzusetzen und zu erfahren. Wer aber ist der Heilige Geist? Wie wissen wir, ob er gegenwärtig ist? Und wie können wir sein Wirken im Einerlei unseres täglichen Lebens erkennen?

Er ist nicht »die Macht«

Der Heilige Geist ist weder ein Gespenst noch eine unpersönliche Kraft wie »Die Macht« im Film »Krieg der Sterne«. Er ist vielmehr eine Person, nämlich die dritte Person der Dreieinigkeit, die aus Vater, Sohn und Heiligem Geist besteht. Als Person der Gottheit ist er wesensgleich mit dem Vater und dem Sohn, Jesus Christus. In Johannes 14 sagte Jesus seinen Jüngern, daß er sie verlassen und daß ein anderer zu ihnen kommen würde, um ihnen zu helfen und sie zu ermutigen. Er bezog sich dabei auf den Heiligen Geist. In diesem Sinne ist der Heilige Geist also Christi Stellvertreter auf Erden in der gegenwärtigen Zeit. Es ist seine Aufgabe, von Jesus zu zeugen (Johannes 15,26), den Sohn zu verherrlichen (Johannes 16,14) und uns zu helfen, Gottes Wort zu verstehen (Johannes 14,26). Der Heilige Geist gibt den Christen die Kraft, ein Leben unter der Herrschaft Christus zu führen. Ohne sein aktives Wirken in unseren Herzen würden alle unsere Anstrengungen, ein christliches Leben zu führen, hoffnungslos fehlschlagen.

Ist er wirklich da?

Wie können Sie wissen, ob der Heilige Geist in Ihrer Ehe gegenwärtig ist? Die Bibel lehrt, daß der Geist Gottes im Herzen eines jeden Menschen Wohnung nimmt, sobald er sich Christus im Glauben anvertraut hat (1. Korinther 6,19). In diesem Augenblick wird der Glaubende für alle Ewigkeit mit dem Heiligen Geist in Christus versiegelt (Epheser, 1,13–14), d. h. wir dürfen Heilsgewißheit haben. Wenn Sie nicht sicher sind, ob Sie jemals Ihren Glauben vertrauensvoll auf Christus gesetzt haben, dann wäre dazu jetzt der geeignete Augenblick. Sie können ihm sagen, daß Sie es tun wollen, z. B. in einem einfachen Gebet wie dem folgenden: »Herr Jesus, ich brauche dich. Ich danke dir, daß du am Kreuz für meine Sünden gestorben bist. Ich öffne die Tür meines Lebens und nehme dich als meinen persönlichen Retter und Herrn an. Übernimm du die Herrschaft über mein Leben. Gestalte mich zu dem Menschen, den du haben willst.«

Einige Christen sind überzeugt, daß der Heilige Geist nicht in ihrem Leben gegenwärtig ist. Wenn es der Fall wäre, so sagen sie sich, würden sie dann so leben, wie sie es tun?

Solche Christen müssen erkennen, daß es einen großen Unterschied zwischen der *Tatsache* des Innewohnens des Geistes und der *Erfahrung* seines Einflusses auf sie geben kann. Die Gegenwart eines geschickten Lehrers in einem Klassenzimmer garantiert noch nicht, daß dreißig unbändige Schüler auch unter seiner Kontrolle sind. Ebenso garantiert die Gegenwart des Heiligen Geistes in unserem Herzen noch nicht, daß alle unbändigen Elemente des Lebens unter seiner Herrschaft sind.

Vor kurzem verglich Dr. Bill Bright, der Gründer des Missionswerkes Campus für Christus International, in einem Artikel der Zeitschrift »Worldwide Challenge« den Durchschnittschristen mit einem Menschen, der sich abmüht, gegen einen starken Strom anzuschwimmen. Ein Christ, der das Leben in der Kraft eigener Anstrengungen zu führen versucht, muß sich ja genau so vorkommen. Er schwimmt mit aller Macht, um wenigstens auf der Stelle zu bleiben! Andererseits ist ein Christ, der mit der unbegrenzten Kraftquelle des Heiligen Geistes verbunden ist, wie jemand, der denselben reißenden Strom in einem Motorboot hinauffährt.

Die Herstellung der Verbindung

Wie kommen wir in Kontakt mit dieser Kraftquelle, die uns doch zur Verfügung steht? Ich bin viel unterwegs und verbringe manche Nacht im Jahr in Hotels, die von »halb anrüchig« bis »sehr vornehm« rangieren. Aber welcher Klasse sie auch sein mögen, ich finde in jedem Badezimmer einen Stecker für meinen elektrischen Rasierapparat. Wie kann ich mich jeden Morgen rasieren? Als erstes nehme ich einen Rasierapparat (der den europäischen Normen angepaßt ist). Wenn ich ihn einstecke, wird es wohl kaum eine Explosion geben. Man kann auch behaupten, daß ich mit meiner Zimmerbestellung und dem richtigen Rasierer das *Recht* habe, den Apparat einzustecken und zu gebrauchen. Das Hotelmanagement erwartet auch, daß ich Gebrauch von dieser Einrichtung mache.

Als Christen gehören wir Christus an, und der Heilige Geist wohnt in uns. Daher brauchen wir Gott nicht erst lange zu bitten, uns seinen Geist zu geben. Wir haben ihn bereits! Gott der Vater hat uns alles zur Verfügung gestellt und erwartet, daß wir seine Kraft in Anspruch nehmen.

Zweitens, habe ich Vertrauen in das Hotelmanagement und die Städtischen Kraftwerke. Noch nie habe ich gezweifelt, ob auch Elektrizität vorhanden wäre. Ich stecke einfach den Stecker ein und rasiere mich. Mit anderen Worten: Mein Glaube wirkt sich praktisch aus.

Ein Christ, der Glauben hat, ist sich der überwältigenden Liebe Gottes bewußt, wie wir schon zuvor in diesem Kapitel erläutert haben. Er weiß, daß Gott uns durch seinen Geist Freude und Kraft schenken will. Gott will nicht, daß wir in unseren Frustrationen versinken. Wer sich dieser Tatsachen gewiß ist, der darf auch darauf vertrauen, daß die Kraftquelle des Heiligen Geistes zu seiner Verfügung steht.

Was erfüllt uns?

Epheser 5,18 gibt uns ein Bild vom Geist Gottes als Kraftquelle in unserem Leben. In diesem Vers schreibt Paulus: »Und sauft euch nicht voll Wein . . ., sondern laßt euch vom Geist erfüllen.« Stellen Sie sich das bildlich vor: Ein Betrunkener – seine Augen blicken glasig in die Gegend, und seine Körperbewegungen sind nicht mehr unter seiner Kontrolle – rollt vom Stuhl auf den Boden. Was »erfüllt« oder beherrscht ihn? Der Alkohol.

Wir sehen den Gegensatz in Epheser 5,19: »Singt und spielt dem Herr in eurem Herzen.« Wer erfüllt diesen Menschen? Wer gibt seinem Leben Richtung und schenkt ihm das Verlangen und die

Kraft zum Leben? Der Heilige Geist. Die Bedeutung von Vers 18 im Griechischen ist »werdet beständig vom Geist erfüllt«. Das Erfüllt-sein mit dem Geist ist etwas, worum ich Gott immer wieder bitten muß, sobald ich merke, daß etwas anderes angefangen hat, mich zu erfüllen und den Geist zu verdrängen. In seinem Buch »The Simplicity of the Spirit-Filled Life« (Die Einfachheit des vom Geist erfüllten Lebens) schreibt L. L. Legster: »Warum sollte Gott das Berauschtsein mit Wein und das Erfülltsein mit dem Geist miteinander vergleichen? Ich denke, er tat es deshalb, damit auch der Ungebildetste erkennen kann, wie man erfüllt wird. Jedes Kind zur Zeit des Paulus wußte, daß man mit Wein erfüllt ist, wenn man ihn getrunken hat; und um weiter erfüllt zu sein, trank man auch weiter. Genauso kann man auch nur durch Trinken mit dem Geist erfüllt werden; und um erfüllt zu bleiben, trinkt man weiter.«[1]

Wenn ich nun Gott bitte, mich mit seinem Geist zu erfüllen – wird sich dann mein Leben plötzlich und dramatisch ändern? Vielleicht nicht. Eine Klasse undisziplinierter Schüler wird sich wohl kaum in einer Unterrichtsstunde umerziehen lassen. Der Lehrer braucht Zeit, sich Respekt zu verschaffen und alle störenden Schüler unter die Kontrolle seiner Autorität zu bringen. Gleichermaßen sollte ich keine sofortige und totale Wesensveränderung erwarten, sobald ich Gott gebeten habe, mich mit seinem Geist zu erfüllen. Das mag zwar mein sehnlichster Wunsch sein, aber es geschieht selten! Erst mit den Jahren lerne ich, Gott beständig mein Versagen zu bekennen und ihn immer wieder zu bitten, mich erneut zu erfüllen. Dann werde ich auch sehen, wie neue Lebensgewohnheiten allmählich an die Stelle der alten treten.

Kein »Do-It-Yourself«-Projekt

Wir Menschen sind von Natur aus dazu veranlagt, alles selber machen zu wollen. Wir geben erst dann die Kontrolle ab, wenn uns keine andere Wahl mehr bleibt. Ich denke jedoch, daß Gott sich freuen würde, wenn wir uns an ihn wendeten, lange bevor wir nicht mehr weiter wissen. Gewiß ist er als der Schöpfer unseres komplexen Lebens nur allzugern bereit, uns seinen Plan dafür zu zeigen. »Denn ich weiß wohl, was ich für Gedanken über euch habe, spricht der Herr: Gedanken des Friedens und nicht des Leides, daß ich euch gebe das Ende, des ihr wartet« (Jeremia 29,11). Nur wenn wir uns auf seinen innewohnenden Geist verlassen, werden die Pläne zum Tragen kommen. Das schließt auch die wunderbaren Pläne ein, die er für unser Leben mit unserem Ehepartner hat.

Insgesamt betrachtet

Gnade, Verbindlichkeit, der Heilige Geist – der Boden eines gesunden Ehegartens – muß von diesen Elementen durchdrungen sein. Ein Beispiel aus meiner ersten Ehe soll aufzeigen, wie die drei Elemente zusammenwirken und die Voraussetzung für das Wachstum bilden.

Als meine erste Frau, Lynn, dem Unfall erlag, schien es, als wäre ich von der Hälfte meiner eigenen Person getrennt worden. Während unserer zehnjährigen Ehe war sie mir der liebste Mensch auf der ganzen Welt geworden.

Doch es war nicht immer so gewesen. Wir heirateten, als wir kaum aus dem College entlassen waren, voller Hoffnungen, aber auch voller unrealistischer Erwartungen. Es vergingen nur wenige Monate, bevor der Glanz der Flitterwochen dahin war und wir beide erkannten, daß unsere gegenseitigen Erwartungen nicht erfüllt wurden. Jeder hatte in Gedanken gewisse Mindestmaßstäbe für den anderen gesetzt. Zu unserer Bestürzung wurden nicht einmal diese erfüllt!

Trotz der Tatsache, daß wir hauptamtlich für den Herrn arbeiteten, waren wir ziemlich unreif. Insgeheim hoffte jeder, daß seine Bedürfnisse durch die Ehe befriedigt würden. Wir sahen die Ehe nicht als Gelegenheit, die Bedürfnisse des anderen zufriedenzustellen.

Als ich erkannte, daß Lynn nur 45 Prozent zu unserer Ehe beitrug, statt der vermeintlich nötigen 50, revanchierte ich mich, indem ich nur noch 40 Prozent gab. Das verletzte sie, worauf sie sich auf 35 Prozent zurückzog. Und so ging es weiter. Es handelte sich also um alles andere als eine Beziehung in der Gnade!

Nach ungefähr zweijähriger Ehe konnte Lynn gefühlsmäßig meine gespielte Überlegenheit nicht mehr verkraften. Das Wort »Scheidung« kam in unseren verletzenden Gesprächen auf. Es wurde zu einem familiären Begriff, der sich mit jeder Woche der Realität näherte. »Wenn dies alles ist«, erklärte sie schließlich eines Tages, »dann will ich hier ›raus‹.« Das war keine überhastete Aussage; sie meinte es wirklich. Sie verließ mich und zog sich für einige Tage in ein Hotel zurück, um Abstand von mir zu gewinnen. Traurigerweise muß ich gestehen, daß ich ihr nur zu gern gegeben hätte, was sie wollte. Allein die Tatsache, daß ich vollzeitlich im christlichen Dienst stand, hinderte mich daran.

Während dieser Krise war ich wenigstens bereit, mich genug zu demütigen, um ein Buch über die christliche Ehe zu lesen und von einem Freund Seelsorge anzunehmen. Ich kam zu der Überzeugung, daß eine Scheidung für uns nicht zur Wahl stand. Als Lynn zurückkam, erklärte ich ihr meine Verpflichtung zu unserer Ehe in den eindringlichsten Worten. Etwas an meiner neuen Gesinnung ermutigte sie, neue Hoffnung für uns zu fassen. Und so konnten wir die Hürde überwinden. Wenn Scheidung nicht in Frage kam, dann blieb uns nur noch übrig, das Wenige, das uns geblieben war, Gott anzuvertrauen. Wir baten ihn, uns zu zeigen, wie wir es besser machen könnten.

Zurück zu den Anfängen

Gemeinsam kehrten wir zur Grundlage zurück, die wir gelehrt worden waren (und die wir ironischerweise anderen weitergaben!): das vom Geist geführte Leben. Wir waren unmerklich davon abgekommen, uns in Gottes Wort zu vertiefen, wodurch er unsere Gesinnung hätte erneuern können. Als wir jedoch dahin zurückfanden, entdeckten wir bald, daß unsere Gebete nicht mehr wie abgestandene Speisereste waren. Sie waren wieder frisch und neu. Wir lernten von neuem, was es heißt, »in Christus zu bleiben« (Johannes 15) und »im Geist zu leben« (Galater 5).

Wir mußten uns auch wieder an den Heiligen Geist wenden, damit er uns die Kraft gab, einander zu lieben. Unsere Gefühle waren tief verletzt worden und würden sich nicht über Nacht »erholen«. Aber wir wußten, daß die Frucht des Geistes die Liebe ist (Galater 5,22). Wir brauchten Liebe, also erhoben wir im Gebet Anspruch darauf; denn Gott wollte sie uns ja geben. Langsam und allmählich wurde sie in unserem Leben Wirklichkeit. Wir fingen an, eine Gnadenbeziehung aufzubauen.

Es dauerte mehrere Jahre, bevor wir ehrlich sagen konnten: »Wir haben jetzt eine gute, starke Ehe.« Aber in dieser Zeit ging es aufwärts.

Lynn und ich hatten uns gegenseitig einen Leistungsmaßstab aufgezwungen. Weil wir einander nicht in Gnade begegneten, hatten wir uns mehr und mehr entzweit. Eine Erneuerung unseres Ehegelübdes war notwendig geworden, um uns wieder zusammenzubringen. Wir brauchten die Kraft des Heiligen Geistes, um in der vergebenden Liebe zusammenleben zu können. Eine blühende, gesunde Ehe ist ohne *Gnade* (vergebende Liebe) und ohne unerschütterliche gegenseitige *Verbindlichkeit* gar nicht vorstellbar. Aber diese Grundlagen lassen sich kaum, oder doch nur oberflächlich, ohne den Zusammenhalt und die Kraft der göttlichen Energiequelle, den *Heiligen Geist*, verwirklichen.

Dies sind tiefgreifende Themen, auf die ich nur kurz eingegangen bin. Ich hoffe, Ihren Appetit geweckt zu haben, so daß Sie in einigen Büchern weiterforschen werden. Wir werden immer wieder auf die in diesem Kapitel behandelten Konzepte zurückkommen.

Alles startbereit

Mit diesen Nährstoffen, die den Boden Ihrer gegenseitigen Beziehung tränken sollen, wären Sie eigentlich zu einem Ausflug mit Ihrem Ehepartner bereit. Aber vielleicht haben Sie noch einige Steine im Garten entdeckt, einige Hindernisse, die zuerst ausgeräumt werden müssen.

Es kann sein, daß Sie begründete Befürchtungen hegen: »Wird mein Ehepartner diesem »verrückten« Traum von einem Wochenendausflug zustimmen? Wenn ja, werden wir auch offen miteinander reden können? Was aber, wenn wir uns zu sehr öffnen und dabei mißverstanden und verletzt werden? Was sollen wir überhaupt in all den Stunden, die vor uns liegen, anfangen, und was können wir sagen?«

Andererseits könnte es sich auch nur um rein praktische Bedenken handeln. »Wer würde schon ein ganzes Wochenende mit unseren Kindern verbringen wollen? Wohin sollen wir fahren, ohne unsere sowieso schon überforderte Haushaltskasse noch mehr zu strapazieren?«

Mit diesen Fragen wollen wir uns in Kapitel vier beschäftigen. Hoffentlich sagen Sie dann am Ende des Kapitels: »Ich denke, dieser Ausflug zu zweit läßt sich einrichten.« Dazu möchte ich Ihnen Mut machen!

4 Werfen Sie die Steine über den Zaun

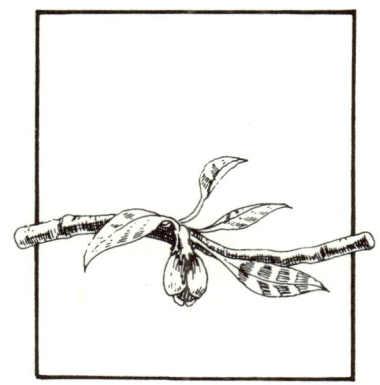

Hindernisse vor dem Ausflug ausräumen

Hinter unserem Haus haben wir einen kleinen Gemüsegarten, für den Donna allein zuständig ist. Sie ist diejenige, die gern auf der Erde kniet, um dabei die Sonne im Rücken zu spüren und ihre Fingernägel schmutzig zu machen. Einmal im Jahr aber überredet sie mich, die Erde dieses kleinen Gartens umzugraben. Jedesmal kommt eine erstaunliche Menge Steine ans Tageslicht, die wir einfach auf das freie Feld hinter unserem Haus werfen. Trotzdem werden wir sie nie vollständig aus unserem Garten los. (Ich bin überzeugt, sie vermehren sich, wenn wir nicht hinsehen!)

Ähnlich ist es bei der Vorbereitung eines Eheausflugs: Es gilt, einige Hindernisse auszuräumen. Der erste Teil dieses Kapitels handelt von zwei häufig auftretenden »Hinkelsteinen«, die Sie daran hindern könnten, jemals einen Eheausflug zu unternehmen. Als nächstes befassen wir uns mit den »Kieselsteinen«, d. h. die praktischen Fragen über das Wie und Wann des Ausflugs. Im letzten Teil werden Sie Gelegenheit haben, sich zusammenzusetzen und die Einzelheiten Ihres Ausflugs auszuarbeiten. Gemeinsam entscheiden Sie darüber, wie, wo und wann der Ausflug stattfinden soll und – was noch wichtiger ist – über welche Themen Sie sprechen wollen.

Die »Hinkelsteine« ausgraben

Den Sprung wagen

Es ist sehr gut möglich, daß einer von Ihnen über den Gedanken eines Eheausflugs begeistert ist, während der andere dem Ganzen skeptisch oder negativ gegenübersteht. Die Bedenken könnten viel tiefer liegen als bloße Zweifel daran, ob Sie es sich leisten können oder ob es in Ihren Terminkalender paßt. Es ist Ihnen oder Ihrem Partner – oder beiden – vielleicht nicht wohl dabei.

Es könnten ja negative Dinge in den Stunden, in denen man sich tiefer austauscht, zutage treten. Diese Besorgnis könnte der erste »Hinkelstein« sein, dem Sie begegnen.

Ich will es nicht leugnen: Es kann schmerzhaft sein, mit der Wahrheit konfrontiert zu werden. Manches dunkle Geheimnis könnte beim Durchleuchten der versteckten Winkel offenbar werden. Aber lassen Sie nicht zu, daß die Furcht vor solchen unangenehmen Enthüllungen Ihr gemeinsames Wochenende ruiniert, ehe es überhaupt eine Chance hatte stattzufinden.

Als Neuvermählte hatten Donna und ich viel Freude an unseren ersten Ausflügen. Aber wir sprachen nie über ernstere Angelegenheiten. Warum nicht? Weil ich viel zuviel Angst davor hatte, verletzt zu werden. Ich konnte Donna einfach nicht offen bekennen, daß ich nicht der geistliche Führer war, der ich gern wäre, oder daß es bei mir auf dem Gebiet der Selbstdisziplin mangelte. Das wäre ja dasselbe, wie wenn eine Ente dem Jäger Bescheid sagte, es sei Jagdsaison! Ich war sicher, Donna würde mich »abschießen« und meine Selbstachtung als durchlöcherten Kadaver liegenlassen.

Ungefähr bei unserem dritten Wochenende bestand meine (nun schon ziemlich frustrierte) Frau darauf, etwas anderes zu tun als nur zu essen und zu schlafen. Mit größten Befürchtungen (die ich in meinem Stolz nicht zugeben wollte) erklärte ich mich einverstanden. Wir wollten einige tiefer gehenden Fragen, die wir vor dem Ausflug aufgeschrieben hatten, gemeinsam besprechen. Mit Erstaunen stellte ich fest, daß Donna nicht versuchte, mir lieblos meine eigenen Schwächen vorzuhalten. Statt dessen hatten wir ein offenes und ermutigendes Gespräch darüber, wie wir einander in bezug auf unsere Schwachstellen helfen könnten.

Wir erkannten, daß Kommunikation das Wesentliche an einem Eheausflug ist. Als wir mehr und mehr davon überzeugt waren, wie notwendig die gegenseitige Verständigung ist, entschlossen Donna und ich uns, dieses Handbuch als Hilfe für andere Ehepaare zu schreiben. Unsere Anstrengungen bleiben jedoch vergebens, wenn Sie aus Furcht voreinander nicht den ersten Schritt zu Ihrem Ausflug wagen.

Bereitschaft zur Offenheit

Ehe wir Übung in der gegenseitigen Kommunikation bekommen, müssen wir den Grund dafür legen. Was ist diese Grundlage? *Es ist die Gewißheit, daß der Partner mich nicht ablehnen wird, wenn ich meine Seele bloßlege. Es ist die Überzeugung, daß die andere Person sogar mit den negativen Dingen, die ich über mich offenbare, fertig werden wird.*

Warum ist das so schwer? J. Grant Howard weist in seinem Buch »The Trauma of Transparency« (Das Trauma der Transparenz) darauf hin: Das menschliche Verlangen, sich vollkommen zu geben, ist ein Haupthindernis bei der Verständigung. Natürlich sind wir nicht vollkommen, aber unser Stolz will die Tatsache nicht zugeben. Wenn wir uns nicht öffnen, so meinen wir, können wir bei unserem Ehepartner auch nicht das Gesicht verlieren! Vielleicht gelingt es uns sogar, uns selbst etwas vorzumachen. Wenn wir unser wahres (unvollkommenes) Ich nicht preisgeben, vergessen wir vielleicht, daß diese Unvollkommenheiten existieren.

Sich dem Ehepartner zu öffnen, kann Angst bereiten, aber die Belohnung ist vielfältig. Und eine ehrliche Kommunikation kann da beginnen, wo beide davon überzeugt sind, daß der Ehepartner seine Koffer nicht packen wird, selbst wenn er oder sie sich über eine unangenehme Offenbarung verletzt oder verärgert fühlt. Donna und ich haben dieses Vertrauen ineinander, deshalb können wir uns offen verständigen. Damit meine ich nicht, daß wir uns gezwungen fühlen, jeden unserer negativen Gedanken preiszugeben. Aber wenn nötig, können wir über unser verborgenes Ich reden. Wir brauchen dabei nicht zu befürchten, die Liebe und Verbindlichkeit des anderen zu verlieren.

Wie ist das möglich? Wir wagen es, unser wahres Ich dem anderen preiszugeben, weil wir wissen, daß unsere Ehe dem Herrn Jesus Christus gehört. Er ist unser Schöpfer wie auch der unserer Ehe. Er ist letztendlich dafür verantwortlich, was aus uns als Einzelpersonen und als Einheit wird. Dieses Wissen hebt unsere ganze Beziehung auf die Ebene des Glaubens. So wird die Ehe zu dem, was man auch eine »Glaubensehe« nennt.

Der dritte Strang

»Eine dreifache Schnur reißt nicht leicht entzwei« (Prediger 4,12), schrieb Salomo. Vor unserer Hochzeit sahen Donna und ich viele Ehen auseinanderbrechen, weil es an dem »dritten Strang« mangelte.

Wir suchten bewußt nach Trauringen, die uns täglich, besonders in schweren Zeiten, daran erinnern sollten, daß der Herr selbst der Dritte in unserem Bunde ist. Nach wochenlangem Suchen und Beten fanden wir schließlich Ringe aus drei ineinander verschlungenen Strängen. Für uns versinnbildlichen sie, daß der Herrr uns in seiner Liebe miteinander verbindet.

Wenn Sie an Jesus Christus glauben, dann ist er auch der dritte Strang in Ihrer Ehe. Er bindet Sie zusammen. Was immer auch Ihr Hintergrund sein mag: Wenn Sie verheiratet sind, können Sie darauf vertrauen, daß Jesus Christus für Ihre Ehe ist. Er ist auf Ihrer Seite. Er will, daß Sie Ihren Ehepartner aus seiner Hand annehmen. Er will Ihnen eine erfolgreiche Beziehung schenken, wenn Sie beide es ihm nur erlauben.

Aber welchen Bezug hat dies zur Kommunikation? Wir müssen zuerst Gottes Wirken in unserer Ehe erkennen, bevor wir frei mit unserem Ehepartner reden können. Sind wir erst einmal davon überzeugt, daß der Herr der zentrale zusammenhaltende Strang in unserer Beziehung ist, können wir uns wirklich entspannen, unsere Abwehrhaltung aufgeben und unserem Partner Einblick in unser Herz gewähren. In der Erkenntnis, daß wir eine Glaubensehe führen, werden wir *nicht auf die eigene Fähigkeit vertrauen, sondern auf die Treue Gottes.* Und so können wir den »Hinkelstein« Nummer eins, nämlich die Furcht vor Offenheit und Verwundbarkeit bei der gegenseitigen Verständigung, über den Zaun wuchten.

Ein Glaubensschritt

Nun zum »Hinkelstein« Nummer zwei. Ein weiteres mögliches Hindernis wäre, daß ein Partner nicht die Notwendigkeit eines Ausflugs erkennen kann. Der eine kann es kaum abwarten, während der andere fragt: »Was soll daran so großartig sein?«

Für den Ehepartner der ersten Kategorie würde ich vorschlagen, ihm gut zuzureden. Bringen Sie Ihren Wunsch nach dem Ausflug zur Sprache und erwähnen Sie den Nutzen, der Ihnen dabei vorschwebt. Lassen Sie sich auch etwas in bezug auf die finanzielle Seite und das »Babysitten« einfallen (s. dazu den letzten Teil dieses Kapitels). Schauen Sie in Kapitel sechs nach Ideen, wie Sie offen, aber liebevoll, Ihre Bedürfnisse mitteilen können.

Den zögernden Partner möchte ich ermutigen, den Ausflug als einen Glaubensschritt zu sehen. Wenn dadurch einige emotionelle Bedürfnisse Ihres Ehepartners befriedigt werden, wäre es doch nur ein kleiner Preis dafür. Ich habe gelernt, daß ich am glücklichsten bin, wenn meine Frau glücklich ist. Wenn ich mich zu etwas entschließe, was sie ermutigt, kehrt der Nutzen ausnahmslos auf mich selbst zurück. In 1. Korinther 7 werden Mann und Frau ermahnt, ihre sexuellen Bedürfnisse gegenseitig zu befriedigen, auch wenn sie sich einmal nicht danach fühlen. Ich glaube, wir sollen uns auch emotionell nichts vorenthalten, soviel an uns liegt.

Ein Eheausflug könnte ein solches »Geschenk« an Ihren Ehepartner sein. Sie könnten sagen: »Liebling, ich habe zwar im Augenblick kein Bedürfnis danach, aber wenn es dir wichtig ist, willige ich ein. Ich vertraue darauf, daß der Herr dieses Wochenende zu unserem Nutzen gebraucht.« So wird Ihr Ausflug in den Bereich des Glaubens versetzt. Und jeder Ausflug sollte wirklich ein Glaubenswochenende sein – ein Wochenende, an dem der Herr wirken kann, damit etwas Sinnvolles geschieht.

Einige praktische Kieselsteine

Woher das Geld nehmen

Wir wollen unsere Aufmerksamkeit jetzt einigen praktischen Dingen widmen: Finanzen, Ausflugsort und Babysitter.

Die erste Frage lautet: *Wie können wir unseren Eheausflug finanzieren?* Wenn ein Partner dieses Problem klarer sieht als der andere, könnte es zu Spannungen kommen; etwa wie folgt:

Sie: »Wir haben nie genug Zeit für uns allein. Warum machen wir nicht einen Wochenendausflug?«

Er: (sieht die Geldscheine): »Das können wir uns im Moment nicht leisten.«

Sie: (hört Ablehnung): »Warum meidest du immer das Alleinsein mit mir?«

Er: (fühlt sich in der Falle): »Warum kostet alles, was du dir vornimmst, Geld?«

Sie: (fühlt sich total abgelehnt): »Geld, Geld, Geld! Dir liegt wohl überhaupt nichts an unserer Ehe, oder?!«

Er: (sieht das verschwendete Geld): »Okay, okay, wir gehen. Ich nehme an, du willst ins Hilton-Hotel, stimmt's?«

In diesem Beispiel »siegte« die Frau . . . in gewisser Weise. Aber ich fürchte, daß die Zeit, die dieses Ehepaar miteinander verbringt, nicht sehr fruchtbar sein wird, wenn sie das Problem nicht vorher beseitigt haben.

Beim obigen Gespräch hatte der Ehemann ganz legitime Befürchtungen: Ein Wochenendausflug kann teuer sein. Die Frau hätte aber die Befürchtungen durch eigene kreative Ideen zur Geldbeschaffung mildern können. Im folgenden einige Vorschläge dazu:

1. Lassen Sie sich ein Wochenende vom Ehepartner oder von den Eltern zu Weihnachten oder zum Geburtstag schenken. Oder beschließen Sie gemeinsam, es sich dieses Jahr gegenseitig zum Hochzeitstag zu schenken.

2. Verwenden Sie Ihre Steuerrückzahlung. (Falls Sie in diesem Jahr eine Nachzahlung machen mußten, vergessen Sie, daß ich es erwähnt habe!)

3. Beschließen Sie, einige Zeit nicht zum Essen auszugehen, und sparen Sie das dafür gedachte Geld zusammen. Oder verschieben Sie einige Extraeinkäufe auf später.

4. Heben Sie Geld von Ihrem Sparbuch ab. Sie werden von diesem Wochenende für den Rest Ihres Lebens Zinsen erhalten.

Ich bin zuversichtlich, daß Sie sich schon nach Ihrem ersten Eheausflug über die guten Auswirkungen auf Ihre Beziehungen freuen werden. Im nächsten Jahr werden Sie ihn ganz selbstverständlich in Ihren Jahreshaushaltsplan einbeziehen.

Ein Zelt oder das Hilton?

Die obigen Gedanken setzen voraus, daß Sie eine bestimmte Geldsumme zur Verfügung haben. Aber auch einem Ehepaar mit begrenzten Mitteln ist ein Ausflug möglich. Widmen wir uns der zweiten Frage: *Wohin könnten wir gehen?* Einige der folgenden Vorschläge sind genau so preiswert, wie wenn man zu Hause bliebe:

1. Tauschen Sie Ihre Wohnung mit einem anderen Ehepaar für ein Wochenende (wobei die Kinder natürlich anderswo untergebracht werden!). Das ist zwar kein Hilton, aber so kommen Sie aus Ihrer familiären Umgebung heraus. Achten Sie aber darauf, daß das Telefon abgestellt ist. Für eventuelle Notfälle geben Sie Ihrem Babysitter die Telefonnummer der Nachbarn des anderen Ehepaares an.

2. Vielleicht kennen Sie jemanden mit einem Wochenendhäuschen am Meer oder in den Bergen. Fragen Sie nach, ob Sie es für ein paar Tage in der Nebensaison benutzen dürfen. Sie bieten natürlich an, die Nebenkosten zu bezahlen und hinterlassen alles sauber und in Ordnung. Sie dürfen nicht meinen, daß Sie »betteln« – dies wäre falscher Stolz. Die meisten Christen, die ein Wochenendhäuschen besitzen, freuen sich, wenn sie damit dem Herrn dienen können. Sie werden es sogar um so lieber tun, wenn Sie ihnen den Grund für Ihr Wochenende erklären. Vielleicht werden sie selbst so ein Wochenende durchführen wollen!

3. Leihen Sie sich eine Campingausrüstung, wenn Sie selbst keine besitzen, und fahren Sie in die Berge. Oder mieten Sie eine nahegelegene Ferienwohnung (möglichst außerhalb der Saison). Planen Sie keine zu lange Fahrt, denn das wäre Ihrer Kommunikationszeit abträglich. Wer draußen campiert, ist natürlich dem Wetter ausgesetzt. Aber selbst das ist kein Problem. Falls Sie wegen des Regens im Zelt bleiben müssen, denken Sie einfach daran, wieviel Zeit Sie da zum Reden haben!

4. Erkundigen Sie sich beim örtlichen Verkehrs- oder Touristenverein nach Übernachtungsmöglichkeiten in der ländlichen Umgebung. Oftmals liegen solche Häuser in einer schönen und ruhigen Landschaft und kosten auch weniger.

5. Wenn Sie jedoch der Meinung sind, daß nur ein nettes Hotel, die besten Voraussetzungen für das Gelingen des Ausflugs bieten würde, dann sollten Sie die Inserate in der Zeitung lesen. Viele erstklassige Stadthotels haben sehr preiswerte Wochenendangebote.

Vorschläge 1 bis 3 haben möglicherweise den Nachteil, daß die Ehefrau genau wie zu Hause an den Herd gefesselt ist. Falls Sie sich für diese Möglichkeit entscheiden, sollten Sie daher wenigstens einmal am Tag zum Essen ausgehen und für andere Mahlzeiten Butterbrote usw. mitbringen.

Ich persönlich ziehe es vor, ein Häuschen im Gebirge zu mieten oder in einem ländlichen Gasthof zu übernachten. Stadthotels können sehr geräuschvoll und einengend sein. Seit wir in Europa sind, haben Donna und ich es gelernt, uns beim Wandern und Spazierengehen zu unterhalten. Gewöhnlich suchen wir uns daher ein kleines ländliches Hotel aus, bei dem es genug Fußwege gibt. Das wirkt sich sowohl auf unseren Kreislauf wie auf unsere Gespräche stimulierend aus! Dazu nehmen wir noch ein Heft für Notizen und einen Kugelschreiber mit, um die Gedanken festzuhalten, die uns unterwegs einfallen.

Wer sorgt für die Kinder?

Ein dritter hindernder Kieselstein beim Planen eines Ausflugs wäre vielleicht *die Notwendigkeit eines qualifizierten Babysitters*. Es ist sehr wichtig, besonders für die Frau, von den Kindern ganz abgesehen, für eine Kinderbetreuung zu sorgen, bei der man keine Bedenken haben muß. Falls Sie nicht die Gewohnheit haben, Ihre Kinder jemand anderem anzuvertrauen, wäre dies ein weiterer Glaubensschritt – vielleicht sogar ein großer. In hektischen oder kritischen Zeiten wollen wir nicht unbedingt einen Ausflug unternehmen, weil wir das Gefühl haben, unsere Kinder bräuchten unsere Gegenwart. Was sie aber eigentlich mehr brauchen, ist ein »gut segelndes Familienschiff«; und dafür sollten wir uns ein paar Tage Zeit nehmen. Nur so können wir unsere Beziehungen zueinander und zu den Kindern gut durchdenken. Der Herr will ganz gewiß, daß diese Ausflugszeit zum Segen für Sie wird, und so wird er auch dafür sorgen, daß bei Ihren Kindern dadurch kein Schaden entsteht.

Hierzu einige Möglichkeiten:
1. Suchen Sie sich ein oder zwei ledige Freunde oder ein kinderloses Ehepaar aus, die bereit wären, während Ihrer Abwesenheit in Ihrer Wohnung zu verweilen. Bieten Sie ihnen eine vernünftige Bezahlung an, obgleich sie es sicher mehr

als einen Dienst betrachten werden denn als Verdienstmöglichkeit.

2. Ermutigen Sie ein anderes Ehepaar mit Kindern, ebenfalls einen Eheausflug zu unternehmen, und bieten Sie ihnen an, jeweils die Kinder voneinander zu übernehmen. (Suchen Sie sich aber jemanden mit gut erzogenen Kindern aus!)

3. Schicken Sie Ihre Kinder zu den Großeltern.

4. Bitten Sie die Großeltern, die Kinder bei Ihnen zu Hause zu hüten. Wir haben in diesem Fall immer unseren regulären Babysitter gebeten, auf Abruf bereit zu sein, oder jemand tags- und nachtsüber im Haus wohnen lassen.

5. Schicken Sie jedes Ihrer Kinder zu einer anderen befreundeten Familie und bieten Sie jeweils der Mutter an, den Dienst zu erwidern.

6. Haben Sie noch einen Säugling, nehmen Sie ihn mit. Das ist zwar nicht ideal, aber immer noch besser, als wenn Sie gar nicht fortkämen.

Dies sind unsere Ideen in bezug auf Finanzen, Ausflugsort und Kinderbetreuung. Wahrscheinlich fallen Ihnen noch andere ein, die auf Ihre Situation zutreffen.

Gesprächszeit

Der nächste Schritt betrifft eine »Gesprächszeit« vor dem Ausflug. Das gibt Ihnen die Gelegenheit, eventuell noch vorhandene Bedenken über den Eheausflug zu äußern und Details zu planen.

Nehmen Sie sich dafür einen Abend Zeit, an dem Sie allein sein können. Bringen Sie die Kinder früh zu Bett. Nehmen Sie das Telefon nicht ab und schalten Sie das Fernsehgerät nicht an, sondern besprechen Sie die nachfolgenden Fragen. Wenn Sie dazu lieber ausgehen wollen, suchen Sie sich einen ruhigen Ort, wo Sie Zeit haben, ohne durch andere gestört zu werden. Diese Gesprächszeit ist ein wichtiger Schlüssel zum Erfolg Ihres Eheausflugs. Lesen Sie die folgenden Fragen laut vor und sprechen Sie darüber. Machen Sie sich Notizen, die für den Ausflug nötig wären. Versuchen Sie, nicht zu tief in den Gesprächsstoff verwickelt zu werden; sparen Sie sich das für den Ausflug auf!

Ihr erster Eheausflug

Wenn Sie noch nie einen Eheausflug unternommen haben, nehmen Sie sich jeder ein Blatt Papier und beantworten Sie kurz die folgenden Fragen. Schreiben Sie zuerst Ihre Gefühle auf. Besprechen Sie dann, was Sie geschrieben haben.

1. Wenn ich an einen Eheausflug denke, habe ich das Gefühl, . . . weil . . .

2. Was die Dauer des Ausfluges betrifft, würde ich folgendes vorziehen:
   - ein ganzes Wochenende
   - eine Übernachtung
   - einen Tag ohne Übernachtung.

Meine Gründe:

Wann, Wer, Wie und Wo

1. Wann wäre das beste Wochenende (bzw. Übernachtung oder Tag)? (Schreiben Sie drei Möglichkeiten nach verfügbarer Kinderbetreuung auf.)
2. Wer wird für die Kinder sorgen? (Schreiben Sie mehrere Möglichkeiten auf.)
3. Wie werden wir das Geld bekommen? (Schreiben Sie drei Möglichkeiten auf.)
4. Wo werden wir hingehen? (Schreiben Sie mehrere Möglichkeiten auf und wer die nötigen Telefonanrufe erledigen wird.)

Und nun zum »Was«

Es wird nun Zeit, daran zu denken, was Ihr Ehepartner und Sie auf dem bevorstehenden Ausflug durchnehmen wollen. Wahrscheinlich werden Sie in Zukunft noch weitere Ausflüge planen, so daß Sie jetzt nicht unter dem Druck stehen, alle in Kapitel sechs bis zwölf stehenden Themen auf einmal durchsprechen zu müssen. Wir werden etwas später darauf eingehen, wie man sie einteilen kann.

Wählen Sie Ihre Themen aus

Zunächst können Sie anhand dieses Überblicks einige Mängelbereiche feststellen. Wenn Sie denken, eine Aussage trifft auf Sie zu, kreuzen Sie sie im nebenstehenden Kästchen an.

☐ 1. »Wenn es um Kommunikation geht, ist einer von uns ein Niagarafall und der andere eine schweigende Sphinx. Ich wünschte, wir könnten es lernen, offen miteinander zu reden.«

☐ 2. »Zu einer christlichen Ehe gehört doch sicher mehr, als daß zwei Gläubige miteinander verheiratet sind. Wir brauchen mehr geistlichen Austausch.«

☐ 3. »Es heißt: Gegensätze ziehen sich an. Aber bei allen unseren Unterschieden weiß ich nicht, wie wir ein Auseinanderleben verhindern können. Das einzige, was wir noch gemeinsam haben, ist unsere Abneigung gegen Mayonnaise.«

☐ 4. »Meine Frau war früher leidenschaftlich, jetzt hat sie kein Interesse mehr am Geschlechtsverkehr. Und wir können noch nicht einmal darüber reden!«

☐ 5. »Bei uns zu Hause herrscht jeden Tag ein Durcheinander. Am Anfang unserer Ehe hatten wir zwar noch große Träume, aber davon ist bisher noch keiner wahr geworden.«

☐ 6. »Mein Mann ist so kleinlich, er bewahrt sogar gebrauchte Zahnstocher auf. Er mußte fast ins Krankenhaus eingeliefert werden, nachdem ich den Pelzmantel gekauft hatte. Wenn er mir mehr Liebe durch Geschenke beweisen würde, brauchte ich sie mir nicht selbst zu kaufen!«

☐ 7. »Unsere Kinder sind kleine Affen, und unser Haus ist wie ein Zoo!«

☐ 8. »Es ist schön, zu einer Gemeinde zu gehören, in der Gottes Wort gelehrt wird. Aber ich scheine da nur herumzusitzen. Bestimmt hat der Herr uns nicht als christliche Zuschauer auf Erden gelassen.«

☐ 9. »Wir haben schon einige ziemlich gute Eheausflüge unternommen. Aber alles scheint sich in Luft aufzulösen, sobald wir wieder an unsere Haustür angelangt sind. Wenn wir nur wüßten, wie das ganze Bestand haben könnte.«

Jedes der obigen Probleme entspricht einer der folgenden Kapitel unter derselben Nummer. Wenn Sie z. B. Aussage eins angekreuzt haben, werden Sie Ihren Ausflug gewiß mit einem Austausch über Kapitel sechs beginnen wollen, das von der Kommunikation ohne Schranken spricht. Bringen Sie Ihre Reaktionen auf die obigen Fragen in Bezug zu den folgenden Kapitelerklärungen. Entscheiden Sie dann gemeinsam, über welches Thema Sie bei Ihrem geplanten Eheausflug reden wollen. Diese Vorausplanung ist wichtig, weil in den entsprechenden Kapiteln zwar viele Fragen, aber noch nicht so viele Antworten vorhanden sind! Sie können aus diesem Grunde noch weiteres Hilfsmaterial mitnehmen.

Die Nummer der Aussage, die Sie oben angekreuzt haben, entspricht also der Nummer der folgenden Kapitel. Wir schlagen vor, daß Sie sich über die betreffenden Kapitel austauschen, wobei einige zusätzliche Fragen gestellt werden.

Frage

1 zu Kapitel 6: »Öffnen Sie Ihre ›Dose Würmer‹«
Warum ist eine Kommunikation ohne Schranken so wichtig in der Ehe? Welche Anweisungen könnten uns hier weiterhelfen?

2 zu Kapitel 7: »Mörtel für Ihre Gartenmauer«
Was ist »geistliche Einheit«, und warum ist sie wichtig? Wie können wir einander geistlich näherkommen?

3 zu Kapitel 8: »Nimm du den Spaten, ich nehme die Harke«
Wie bin ich? Und mein Ehepartner? Wie stehen wir zueinander in verschiedenen Bereichen? Wie können wir mit unserer Verschiedenartigkeit leben? Wie können wir einander erbauen?

4 zu Kapitel 9: »Ihr gemeinsames Rankengewinde«
Wie können wir eine intimere Vertrautheit erlangen? Wie können wir dazu beitragen, daß unsere körperliche Liebesbeziehung für beide Teile mehr Erfüllung bringt?

5 zu Kapitel 10: »Die Kunst, den Garten anzulegen«
Wie können wir nach unseren Prioritäten leben, damit unsere Träume Wirklichkeit werden? Wie können wir Träume entwickeln, wenn wie nie welche gehabt haben?

6 zu Kapitel 11: »Du hast *unser* Geld für einen Rasentrimmer ausgegeben?«
Was sind unsere materiellen Werte? Wie können wir unser finanzielles Schiff vor dem Sinken bewahren?

7 zu Kapitel 12: »Die Pflege Ihrer Olivensprößlinge«
Welche Wesenszüge sollten unsere Familie kennzeichnen? Wie können wir zur Reife unserer Kinder und Teenager beitragen? Wie können wir besondere Familienabende veranstalten?

8 zu Kapitel 13: »Frucht, die nicht verfault«
Wie können wir als Ehepaar anderen dienen? Was ist zu tun, wenn wir uns dazu weder fähig noch qualifiziert fühlen?

9 zu Kapitel 14: »Jäten Sie wöchentlich das Unkraut aus«
Wie können wir die Ideen von unserem Eheausflug im hektischen täglichen Leben verwirklichen?

Wenn Sie einen Wochenendausflug planen, d. h. ungefähr zwei Tage Abwesenheit (Freitag- bis Sonntagabend), wählen Sie nicht mehr als drei Themenbereiche. Gehen Sie nur für einen Tag fort, nehmen Sie sich nicht mehr als zwei Bereiche vor. Es kann sein, daß Sie mit einem Thema ausreichend beschäftigt sind. Sparen Sie sich den Rest für den nächsten Ausflug!

Vielleicht nehmen Sie sich für Ihren ersten Ausflug einfach Kapitel 6, 7 und 8 vor, in der angegebenen Reihenfolge. Kommunikation, geistliche Einheit und gegenseitiges Verständnis sind fundamentale Dinge. Sie werden überrascht sein, wie durch diese grundlegenden Themen viele Probleme in anderen Bereichen sich wie von selbst lösen werden (z. B. sexuelle Intimität).

Haben Sie Ihre Wahl getroffen, notieren Sie die Kapitelnummern der Themen, mit denen Sie sich am Wochenende befassen wollen. Suchen Sie sich einige Bücher oder Kassetten über jedes der von Ihnen gewählten Themen heraus und verschaffen Sie sich davon einen kurzen Überblick, ehe Sie wegfahren. Kennzeichnen Sie die Stellen im Buch, die Sie Ihrem Partner auf dem Ausflug vorlesen wollen.

Ich möchte noch einmal unterstreichen, wie wichtig es ist, daß Sie ein paar Hilfsmittel mitnehmen (Bücher, Kassetten etc.), die Ihnen deutlich machen können, wie Gott die Dinge sieht. Auf einem solchen »Glaubensausflug« dürfen Sie damit rechnen, daß Gott Ihnen begegnet und Ihnen zeigt, wie Ihre Ehe ihn besser verherrlichen kann.

Das ganze Ausflugskonzept ist sehr flexibel und sollte Ihren besonderen Bedürfnissen angepaßt sein. Einige Ehepaare, die dieses Buch einem Praxistest unterzogen haben, konnten (innerhalb von drei Monaten) nicht über Nacht abwesend sein. Statt dessen nahmen sie sich an einigen Abenden Zeit, nachdem die Kinder im Bett waren. Ein Ehepaar nutzte sogar eine längere Autoreise aus, um ihre Themen durchzusprechen! Hier einige Beispiele, wie Ehepaare das Material dieses Buches anwenden könnten.

Ehepaar A

Markus und Jutta waren noch nie auf einem Eheausflug gewesen. Sie hatten mehrere Kästchen auf Seite 49 angekreuzt. Als erstes spürten sie, daß ihre gegenseitige Beziehung ziemlich gespannt war. Jutta regte sich leicht über Markus auf, der sich darauf von ihr zurückzog. Sie gaben auch zu, daß ihnen ihre geschlechtliche Beziehung seit der Geburt des Babys keine Erfüllung mehr brachte. Dazu stritten sie sich beständig über den Verbleib des Geldes.

Nachdem sie es besprochen hatten, entschlossen sich Markus und Jutta (m. E. sehr weise), Kapitel 6 bis 8 durchzunehmen, obwohl sie das *Gefühl* hatten, mehr Nöte auf den Gebieten der Intimität und Finanzen zu haben. Sie erkannten zu Recht, daß es nicht viel Sinn hat, die fundamentalen Probleme zu übergehen. Sie notierten sich einige Bücher, die ihnen bei den ausgewählten Themen gute Hintergrundinformationen geben konnten. Jutta lieh sich die Bücher aus der Gemeindebibliothek und verschaffte sich einen kurzen Überblick, ehe sie ihren Ausflug antraten.

Ehepaar B

David und Michèle haben bereits einige erfolgreiche Eheausflüge durchgeführt. Diesmal steht ihnen nur ein Tag zur Verfügung, und sie wollen diese Zeit nutzen, um Pläne für jedes ihrer drei Kinder zu machen; wozu sie Kapitel 11 durchnehmen werden. Sarah, das mittlere Kind, hat seit kurzem Anzeichen von Angst und Unsicherheit gezeigt. Sie haben sich gerade das Buch »Minderwertigkeitsgefühle – eine Epidemie« von Dr. James Dobson gekauft und wollen es vor dem Ausflug lesen. Außerdem wollen sie Kapitel 14 noch einmal durchgehen, um zu ihren wöchentlichen Gesprächszeiten zurückzufinden.

Ehepaar C

Robert und Alexandra können sich in den nächsten Monaten keinen Ausflug leisten. Sie haben aber ein heikles Thema zu besprechen: Sollten sie Roberts kränkliche Mutter zu sich holen? Sie wollen sich nächste Woche einen Abend dafür Zeit nehmen. Dazu schauen sie sich in Kapitel 14 den Abschnitt »Wie man ein heikles Thema handelt« an. In diesem Kapitel finden sie auch einige Hinweise zur Bereicherung der wöchentlichen Gesprächszeiten, die ihnen bis zu ihrem längeren Aufenthalt weiterhelfen werden.

Sehen Sie, wie es sich anpassen läßt? Sie nehmen, was Sie brauchen und wofür Sie Zeit haben. Sie gebrauchen den Eheausflug als Teil eines Vorgangs, bei dem Sie sich im kreativen Gespräch über die Aspekte Ihres Ehe- und Familienlebens näherkommen.

Also . . . machen Sie sich auf! Und vergessen Sie nicht, folgendes mitzubringen:

- Ihren Ausflugs-»Gesprächsordner« (einen mittelgroßen Ordner mit Themenregister und vielen leeren Seiten). Er sollte ihr permanentes chronologisches Ausflugstagebuch sein. Heften Sie nach Bedarf neue Unterteiler zum Themenregister hinzu.
- Ihre Bibeln (zwei oder drei verschiedene Übersetzungen);
- Nachschlagebücher;
- eventuell einen Kassettenrecorder und Kassetten mit Anbetungsmusik und Botschaften, die zu Ihren Themen passen;
- eventuell Kerzen, Schaumbad, usw.
- dieses Handbuch (s. Kapitel 5, sobald Sie am Ausflugsziel ankommen);
- Ihren Kalender, damit Ideen in die Tat umgesetzt werden können.

Donna und ich beten, daß Ehepaare, die solche Eheausflüge unternehmen, Erfahrungen machen werden, die ihr Leben verändern und Gott verherrlichen. Möge auch Ihr Ausflug dazu dienen!

Teil II

Am Ausflugsort

5 Stecken Sie die Grenzen ab

Optimale Nutzung dieses Arbeitsbuches und der Ausflugszeit

Endlich! Die Kinder sind versorgt. Sie sind an Ihren Zufluchtsort gefahren und sind endlich allein.

Packen Sie Ihre Koffer aus und überlegen Sie gemeinsam, was in den nächsten Stunden oder Tagen geschehen soll. Sie haben sich sehr viel Mühe gegeben und wahrscheinlich einiges ausgegeben, bis Sie hier angelangt sind. Kaufen Sie also Ihre Zeit aus!

Legen Sie als erstes Ihren Ausflug in die Hände des Meisterplaners Ihrer Ehe. Er freut sich, daß Sie diesen Schritt unternommen haben. Nun möchte er, daß Sie Ihr Wochenende (bzw. Ihren Tag oder Termin) im Licht des Glaubens sehen. Sie haben gewisse Vorstellungen darüber, was während dieser Zeit geschehen soll. Vielleicht werden einige dieser Erwartungen erfüllt – vielleicht aber auch keine davon! Erst einmal ist es Ihre Aufgabe, sich zu entspannen, Gott zu vertrauen, daß er weiß, was Sie brauchen, und Ihm das Ergebnis dieses Ausflugs zu überlassen.

Ich empfehle Ihnen beiden, daß Sie vor der intensiven Zeit Ihrer Kommunikation zuerst noch eine »Thronkontrolle« machen. Fragen Sie sich einfach: Wer ist gerade jetzt auf dem Herrscherthron meines Lebens: mein Ich oder der Heilige Geist? Dies wäre ein guter Zeitpunkt, sich noch einmal Bill Brights Büchlein »Gott persönlich kennenlernen« vorzunehmen, das Sie im Anhang C abgedruckt finden.

Wenn Sie merken, daß Ihr »Ich« die Herrschaft übernommen hat, besonders wenn Sie bei Ihrem Ehepartner zur Zeit »im Aus« sind, praktizieren Sie das »geistliche Atmen«:

Ausatmen: Bekennen Sie Ihre Verfehlungen zuerst vor Gott, dann vor Ihrem Ehepartner.

Einatmen: Übergeben Sie Ihren Lebensthron wieder dem Heiligen Geist. Danken Sie dem Herrn, daß er Sie nach seiner Verheißung leiten und bevollmächtigen will.

Es wäre gut, hier innezuhalten und gemeinsam etwa wie folgt zu beten: »Herr, wir wollen mit offenen Herzen vor dich hintreten. Mache du mit dieser Zeit, was du willst. Wir brauchen dein Wirken in mehreren Bereichen unseres Lebens. Laß uns deine Hand spüren. Leite uns in dieser Zeit. Hilf uns, sie weise zu gebrauchen.«

Erinnern Sie sich daran, daß es sich hier nur um den ersten von vielen gemeinsamen Ausflügen handelt. Als Donna und ich gerade verheiratet waren, befanden wir uns wegen Überarbeitung fast in einem Erschöpfungszustand. Auf unseren ersten beiden Eheausflügen haben wir daher nur gegessen und geschlafen! Wie ich schon erwähnte, war das zum Teil meine Schuld, weil ich Angst hatte, verletzt zu werden. Im Rückblick aber sehe ich auch, daß wir diese Erholung dringend brauchten. Weil wir seither solche fruchtbringenden Zeiten erlebt haben, macht es mir nichts mehr aus, daß wir es auf den ersten Ausflügen »zu überhaupt nichts gebracht« haben. Trotzdem hoffe ich, daß Sie das eine oder andere schaffen, dabei aber auch Erholung und Spaß haben werden. Nehmen Sie nun Ihren Ordner heraus und schreiben Sie auf die erste Seite als Überschrift »Eheausflug« und das Datum. Stellen Sie dann einen provisorischen Ausflugsstundenplan auf, wobei Sie die Themen für die intensiven Gesprächszeiten noch nicht eintragen. Einige Leute können sich beim Essen schlecht unterhalten. Wenn Sie dazu in der Lage sind, können Sie auch einige Mahlzeiten für den Austausch vorsehen. So etwa könnte Ihr Wochenendplan aussehen:

Wochenendplan (Muster)

Freitag   19:00 Uhr – Ausgehen zum Abendessen
            20:00 Uhr – Wochenendplanung (Richtlinien in diesem Kapitel)
            21:00 Uhr – »Liebesnacht«

Samstag   Ausschlafen! Denken Sie daran, es soll Spaß machen!
            09:00 Uhr – Frühstück (möglichst auf Ihrem Zimmer)
            09:30 Uhr – 10:00 Uhr – Andacht (dieses Kapitel gibt einige Vorschläge)

<pre>
          10:00 Uhr – 12:00 Uhr – _____
          12:00 Uhr – Mittagessen
          13:30 Uhr – Mittagsschlaf, wenn nötig
          14:30 Uhr – 18:30 Uhr – _____
          (Unterbrechungen mit Spaziergängen im Park, Kaffee-
          trinken usw.)
          19:00 Uhr – Ausgehen zum Abendessen
          20:30 Uhr – 22:00 Uhr – _____
Sonntag   09:00 Uhr – Frühstück
          09:30 Uhr – Andacht
          10:00 Uhr – 13:00 Uhr – _____
          13:00 Uhr – Mittagessen
          14:00 Uhr – Mittagsschlaf, wenn nötig
          15:00 Uhr – 17:00 Uhr – Ausflugsausklang (s. Kap. 14)
          Heimfahrt!
</pre>

Überall wo Sie eine Linie gezogen haben, schreiben Sie nun mit Bleistift das Thema ein, das Sie während dieser Zeitspanne diskutieren wollen und dazu die Seitenangaben aus dem betreffenden Kapitel in diesem Buch. Wer es zum ersten Mal macht, sollte jeweils nur ein Thema eintragen und im Verlauf nötige Änderungen vornehmen. (Ehepaare, die dieses Material praktisch getestet haben, brauchten eineinhalb bis fünf Stunden für jedes Thema!) Seien Sie flexibel. Es hat keinen Sinn, wenn der Stundenplan Sie einengt. Er soll Ihnen vielmehr helfen, die Zeit weise zu nutzen.

Kapitel 6 bis einschließlich 13 fangen alle direkt mit dem Inhaltsstoff an, gefolgt vom Ausarbeitungsteil. Beginnen Sie Ihre Gespräche, indem Sie die Kapiteleinführung vorlesen. Fahren Sie dann mit dem Vorlesen fort, jedoch mit Unterbrechungen für den Austausch, das Bibelstudium, die Bestätigung oder das Gebet, je nach den angegebenen Symbolen. Wechseln Sie sich beim Vorlesen ab. Wenn Sie dabei anfänglich eine gewisse Verlegenheit spüren, so verschwindet sie meistens, je weiter Sie im Buch vorankommen. (Vorlesen ist eine fast untergegangene Kunst. Sie nimmt aber wieder zu, weil dadurch auch die Familieneinheit gefördert wird.)

Im Ausarbeitungsteil finden Sie folgende Symbole:

Austausch

Lesen Sie die Fragen laut vor und besprechen Sie Ihre Antworten (bzw. schreiben Sie sie auf). Wenn Sie offen miteinander reden, sollten Sie auf einige Überraschungen und auch verletzte Gefühle gefaßt sein. Das ist ganz normal! (Kapitel 6 bietet Ideen über die Verständigung in Liebe und über den Umgang mit Ärger an.)

Bibelstudium

Lesen Sie die angegebenen Verse laut vor, besprechen Sie die vorliegenden Fragen und notieren Sie Ihre Feststellungen. Bitte übergehen Sie diesen Schritt nicht! Gottes Wort vermag neue Kanäle des Denkens und Handelns freizulegen.

Bestätigung

Hier erhalten Sie die Gelegenheit, sich gegenseitig zu bestätigen. Das heißt, Sie unterbrechen von Zeit zu Zeit eine vermutlich tiefe Diskussion, um dem anderen zu sagen: »Du bedeutest mir sehr viel.« Sicher werden Sie Ihre eigenen Worte gebrauchen wollen, aber lassen Sie diese Chance nicht ungenutzt, Ihren Partner aufzubauen und den Austausch in einer positiven Richtung weiterzuführen.

Gebet

Zwei- oder dreimal in jedem Kapitel erhalten Sie die Möglichkeit, Ihr Gespräch im Gebet dem himmlischen Vater anzuvertrauen. Natürlich sind Ihre eigenen Worte am besten. Aber welche Worte Sie auch verwenden: Beten Sie! Machen Sie es sich zur Gewohnheit, jedes intensive Gespräch – auf dem Ausflug oder sonstwo – am Schluß in die Hände des Herrn zu legen. Die vorgeschlagenen Ge-

bete sind am Ende offen, damit Sie mit eigenen Gedanken abschließen können.

 Praktische Anwendung

Schauen Sie sich am Ende des Kapitels noch einmal die Fragen an,
die Sie besprochen haben, sowie die Notizen in Ihrem Gesprächsordner. Vielleicht sind Ihnen viele neue Ideen gekommen. Jetzt geht
es darum, daß Sie die wichtigste davon herausgreifen und vereinba-
ren, wie Sie diese Idee in die Tat umsetzen wollen.

Halten Sie beim Austausch Ihren Gesprächsordner bei der
Hand, um Ideen, Fragen und Pläne aufzuschreiben. Gehen Sie dabei in aller Ruhe vor, selbst wenn es mehr Zeit braucht, als Sie es
sich vorgestellt haben.

Wenn Sie ein solches Wochenende unternehmen und mer-
ken, daß Sie nur über ein Thema reden, so regen Sie sich bitte nicht
auf! Wahrscheinlich ist es genau das, was Sie nötig haben.

Wir wollen einmal sehen, wie »Ehepaar A«, Markus und Jutta,
den vorgeschlagenen Stundenplan einhielt.

Als sie sahen, daß für Freitag eine »Liebesnacht« angesetzt war,
nahmen sie es achselzuckend hin. Sie wußten, daß bei ihnen zuerst
einige Spannungen ausgeräumt werden mußten. Also fingen sie
Freitagabend mit ihrem Thema Nr. 1 (Kommunikation ohne Schranken) an und setzten es am Samstagmorgen fort. Nach dem Mittags-
schlaf am Samstag stiegen sie in Thema Nr. 2 (geistliche Einheit) ein.
Sie entdeckten zu ihrem Erstaunen, wie viele ihrer Gereiztheiten
sich bereits abzubauen begannen. Sie merkten, daß sie sehr viel
über die Ursachen ihrer ehelichen Spannungen lernten. So freuten
sie sich schließlich doch auf die kommende »Nacht«!

Um 17 Uhr waren Markus und Jutta geistig und gefühlsmäßig
erschöpft. Sie hatten in den letzten 24 Stunden mehr und intensiver
miteinander geredet als sonst in den vergangenen Monaten. Daher
beschlossen sie, eine Pause einzulegen und bis zum Abendessen
einen Schaufensterbummel zu machen.

Am Sonntagmorgen fingen sie an, sich mit Thema Nr. 3 (gegenseitiges Verständnis) zu befassen. Es zeigte sich bald, daß sie damit
an einem Morgen nicht fertig werden würden, besonders als sie auf
die Frage stießen: »Wer hat hier das Sagen?« Emotional waren sie

nicht bereit, irgendwelche Vulkane aufbrechen zu lassen. Darum planten sie beim Ausflugsausklang am Sonntagnachmittag eine längere Gesprächszeit für den folgenden Sonntag ein, in der sie an Thema Nr. 3 weiterarbeiten wollten.

Wie gestalteten Markus und Jutta die morgendliche Andacht? Zuerst hörten sie sich einige christliche Lieder der mitgebrachten Musikkassetten an.

Sie wählten solche, die eine Atmosphäre der Anbetung schufen. Danach lasen sie abwechselnd Verse aus einem Psalm vor. Das sollte ihnen als Hilfe dienen, Gott zu preisen.

Dann redeten sie mit dem Herrn. Keiner von beiden war es gewohnt, laut zu beten. Aber sie wußten, daß sie Gottes Kinder waren. Deswegen sprachen sie so einfach und aufrichtig mit Gott, wie sie konnten, dankten ihm und sagten ihm ihre Nöte. Sie machten dabei gute Fortschritte.

Soweit Markus und Jutta. Wie steht es nun mit Ihnen? Sie haben einige Grenzen für Ihre eigenen Gespräche gezogen und die Zeiten dafür in einen vorläufigen Tagesplan eingeschrieben. Denken Sie daran, den Plan flexibel zu halten und Ihren Bedürfnissen anzupassen. Vergessen Sie außerdem nicht den Ausklang Ihrer Zeit mit Kapitel 14.

Ich bin überzeugt, daß Gott Sie reichlich segnen wird.

6 Öffnen Sie Ihre »Dose Würmer«

Für eine Kommunikation ohne Schranken

Als Donna und die Kinder zum erstenmal in unserem kleinen Garten mit dem Umgraben anfingen, hörte ich sie öfters schreien: »Iih! Guck mal! Ein Wurm – nur weg damit!« Als Stadtmenschen, die wir nun einmal sind, hörten wir erst einige Zeit später, daß Regenwürmer gute Nachricht für den Garten bedeuten. Sie lockern den Boden auf, so daß die Wurzeln der wachsenden Pflanzen sich ungehindert ausbreiten können.

Das gleiche trifft auf die Ehe zu. Wenn Mann und Frau sich ganz offen verständigen wollen, entdecken sie plötzlich, daß sie einige »Dosen Würmer« (d. h. Geheimnisse) geöffnet haben. Diese kleinen, sich ringelnden Tiere kommen ans Licht gekrochen, und die unmittelbare Reaktion darauf ist ein lauter Ausruf des Ekels.

»Pfui!« rufen beide Partner aus. »Vielleicht sollten wir miteinander doch nicht so offenherzig sein.« In diesem Augenblick schieben viele die Würmer in die Dose zurück, versiegeln sie wieder und geloben, den Rest ihres Ehelebens wachsam aufzupassen. Sie hätten lieber eine bequeme und unbedrohliche, wenn auch oberflächliche Beziehung. Das Risiko scheint viel zu groß, daß irgend etwas ans Tageslicht kriecht, sobald man offen miteinander redet. Solche Ehepaare haben eine »gesicherte Beziehung« zueinander. Die Partner haben gelernt, ihre wahren Gefühle zu unterdrücken. Anstatt den anderen zu konfrontieren und mit den negativen Dingen fertig zu werden, schlucken sie schwer daran und gehen davon. Sie müssen sich immer zusammenreißen; nie dürfen sie ihre tiefsten Empfindungen zeigen. Wenn sie beim Partner etwas stört, tun sie so, als bemerkten sie es nicht. Sie haben sich dazu erzogen, emotional unbeteiligt zu bleiben.

Nach Jahren der Übung geht es bei dem Ehepaar mit der »gesicherten Beziehung« ziemlich friedlich zu. Sie streiten sich selten. Wenn der eine oder andere wegen der beständigen Unterdrückung der Gefühle depressiv wird, . . . nun ja, das ist allemal besser, als die häßlichen Würmer ansehen zu müssen, die bei gegenseitiger Offenheit zum Vorschein kommen könnten.

Ja, sie führen eine ruhige Ehe, in der bestimmte Bereiche stets ausgeklammert bleiben. Sie führen vielleicht sogar eine »gute Ehe« – oberflächlich betrachtet. Den kleinen ehrlichen Würmern ist es nicht gestattet, sich durch den Boden zu fressen, den sie lockern würden, um den Wurzeln Raum zum Wachsen zu geben. Eine solche Ehe ist sehr risikolos – aber sie ist eigentlich gar nicht mehr am Leben.

Die Alternative zu der »gesicherten Beziehung« ist eine »Kommunikation ohne Schranken«. In diesem Kapitel möchten wir Ihnen Gelegenheit geben, die Beschaffenheit Ihrer eigenen gegenseitigen Verständigung zu überprüfen und einige Anleitungen zum Reden und Zuhören, die Donna und ich als hilfreich empfunden haben, durchzuarbeiten.

Kommunikation ohne Schranken bedeutet sich von Herzen mitteilen

Das folgende Diagramm wurde dem »Family Life Conference Notebook«[1] entnommen. Es zeigt uns fünf Ebenen der Kommunikation:

Kommunikations-ebenen	Bedeutung	Grad der Transparenz	Anzahl der Personen
1. Klischee	keine Mitteilung		
2. Tatsache	Mitteilung von Wissen		
3. Meinung	Mitteilung von Gedanken		
4. Emotion	Mitteilung von Gefühlen		
5. Ohne Schranken	Mitteilung der tiefsten Empfindüngen		

1. *Klischeekommunikation* erlaubt es jedem, sicher isoliert und allein zu bleiben. Sie beschränkt sich auf Grüße und Kommentare, die keine Meinung, keine Gefühle oder eigentliche Informationen weitergeben. »Hallo! Wie geht es?« »Danke, gut.«〉

2. *Tatsachenkommunikation* besteht lediglich aus objektiv berichteten Tatsachen, aus »Klatsch« oder Datenanalyse. So hält man andere auf Abstand. (»Gestern abend hieß es im Wetterbericht, daß es heute regnen würde.«)

3. *Meinungskommunikation* umfaßt die Mitteilung von Ideen und Meinungen. Hierbei öffnet sich eine Person und bringt ihre wahren Gedanken zum Ausdruck (»Ich mache mir wirklich Sorgen über den Schund, der im Fernsehen ausgesendet wird, und was das in den Gedanken der Jugendlichen bewirkt.«)

4. *Emotionenkommunikation* bedeutet Mitteilung von Gefühlen und Emotionen, die zu wahrer Verständigung führt. Hoffnungen, Ängste, Gefallen, Nichtgefallen, Bestrebungen, Enttäuschungen, Freuden, Sorgen, Nöte, Träume, Versagen, Wünsche, Streß, Ursachen der Erfüllung, Entmutigungen und Lasten werden hier mitgeteilt. (»Ich bin wieder bei der Beförderung übergangen worden. Ich muß gestehen, die höhere Stellung hätte mir viel bedeutet. Die gegenwärtige Arbeit entmutigt mich.«)

5. *Kommunikation ohne Schranken* ist vollständige emotionale wie persönliche Wahrhaftigkeit. Sich offen mitzuteilen, ist eine Lebensgewohnheit. (»Ich bin diese Woche ziemlich müde und deswegen wahrscheinlich auch empfindlicher. Als du die Bemerkung über meine Hausarbeit gemacht hattest, fühlte ich mich verletzt und verärgert.«)

Wie auf der Tabelle angedeutet, nimmt die Zahl der Personen mit zunehmender Tiefe und Breite der Kommunikation ab. Eine Kommunikation ohne Schranken werden wir nur mit sehr wenigen Menschen in unserem Leben zustande bringen. Aber einer davon sollte ganz gewiß unser Ehepartner sein!

Eine Kommunikation ohne Schranken bedeutet jedoch *nicht*:
- psychologische Bloßstellung (oder geistiger »Striptease«, bei dem man mit allen über alles redet); und auch nicht
- verbale Impulsivität (immer aussprechen, was man fühlt).

Ich habe meiner Frau einige Dinge aus meinem Leben nie erzählt, wie z. B. Einzelheiten darüber, wie ich in meinen frühen Collegejahren dort mein Unwesen trieb. Sie will diese »Geheimnisse«

auch gar nicht erst wissen! In einem ihrer Bücher erwähnt Edith Schaeffer das gewisse Etwas, von dem man weiß, daß man es nie demjenigen erzählen darf, den man liebt. Bestimmte Festungen sollten verschlossen und privat bleiben. Aber in einer wachsenden christlichen Ehe sollten es sehr wenige sein.

Ich befürchte jedoch, daß in vielen Ehen die Kommunikation nicht über Ebene drei (Meinungsäußerungen) hinausgeht. Das entspricht wohl kaum dem, was der Erfinder der Ehe sich gedacht hat. Ich denke vielmehr, Gott verlangt von uns, daß wir mit unserem Ehepartner eine Kommunikation ohne Schranken lernen, so schwierig das auch sein mag. Gott freut sich, wenn wir ihm unser Herz ausschütten. Genauso gefällt es ihm, wenn wir mit unserem Ehepartner – trotz des Risikos der Verletzbarkeit – offenen Umgang haben.

Beim Austausch mit Ihrem Ehepartner über folgende Fragen sollten Sie es nicht unterlassen, Ihre Gedanken und Ideen im Gesprächsordner aufzuschreiben.

Kommen wir miteinander ins Gespräch

 Austausch

Jeder nimmt ein Blatt aus dem Gesprächsordner. Wählen Sie aufgrund der obigen Tabelle den Ausdruck oder den Satz, der am besten die folgenden Aussagen vervollständigt, und schreiben Sie ihn auf. Teilen Sie die Antworten einander mit.

1. Ich meine, unsere Kommunikation entspricht meistens der
   - Klischee-Ebene
   - Tatsachenebene
   - Meinungsebene
   - Emotionsebene
   - Ohne-Schranken-Ebene.
2. Ich meine, du verständigst dich mit mir auf der emotionalen Ebene, indem du mir deine Hoffnungen, Ängste, Bestrebungen, dein Versagen, deine Träume und Entmutigungen mitteilst, und zwar
   - oft
   - manchmal

- selten
- nie.

3. Ich meine, ich brauche mehr Kommunikation auf der emotionalen Ebene.

Ja

Nein

4. Ich meine, daß ich dein wahres Ich kenne, und zwar
   - sehr gut
   - ziemlich gut
   - ungefähr
   - ein bißchen
   - kaum.

5. Ich meine, du kennst mein wahres Ich, und zwar
   - sehr gut
   - ziemlich gut
   - ungefähr
   - ein bißchen
   - kaum.

 ## Bibelstudium

1. Lesen Sie 1. Mose 2,24–25 laut vor. Welchen Hinweis haben wir hier in bezug auf die Kommunikationsebene, die Gott für Ehepaare vorgesehen hat?
2. Lesen Sie 1. Mose 3,8–10. Welches in Vers 10 erwähntes Gefühl veranlaßte Adam, seine Blöße zu verbergen? Angst ist auch der Grund, weshalb einige Ehepartner sich voreinander »verbergen«, anstatt das Risiko einer offenen Verständigung einzugehen. Was könnten solche Partner befürchten?

 ## Praktische Anwendung

Jeder nimmt sich zwei Minuten Zeit, um die beiden Fragen schriftlich zu beantworten. Tauschen Sie sich dann darüber aus.

1. Bin ich der Meinung, daß du mich auslachen, kritisieren oder insgeheim ablehnen würdest, wenn ich mich dir gegenüber wirklich öffnen würde?

- Ja, ich denke, das würde geschehen.
- Manchmal habe ich das Gefühl, daß es so sein würde.
- Nein, die Befürchtung habe ich nicht.
2. Beim Mitteilen meiner Gefühle finde ich es am schwersten, . . .

»Zuhör-Übungen«

Die Partner sollten abwechselnd an die Reihe kommen. Tauschen Sie sich solange über folgende Aussagen aus, bis jeder der Meinung ist, daß der andere seine Gefühle verstanden hat.

Partner A: »Ein Gefühl, das ich dir gern mitteilen möchte, ist . . .«

Partner B: »Was du mir damit sagen willst, verstehe ich so, daß . . .« (Drücken Sie das Gesagte in anderen Worten aus)

Partner A: »Was ich wirklich sagen wollte, ist . . .« (Erläutern Sie das ursprünglich gemeinte Gefühl noch näher.)

 ## Bestätigung

»Ich finde es nicht immer leicht, meine Gefühle zu äußern. Aber ich brauche dich wirklich. Und ich möchte, daß wir die gegenseitige Nähe verspüren, die erst durch völlige Offenheit zustande kommt – auch mit dem Risiko, verletzt zu werden. Ich habe den Mut, dir gegenüber offen zu sein, wenn du . . .«

 ## Gebet

»Herr, du sprichst in deinem Wort so offen mit uns. Hilf uns zu lernen, dir und dem Partner gegenüber offen zu sein. Zeige uns bei unseren weiteren Gesprächen die schlechten Gewohnheiten, die geändert werden müssen. Wir können uns nicht selbst ändern. Gib uns daher die Kraft durch deinen Geist, so zu sein, wie du uns haben möchtest . . .«

Wahrheit und Liebe zu gleichen Teilen

Viele gläubige Ehepaare würden gern eine Kommunikation ohne Schranken erfahren. Das ist jedoch schwierig, wenn sich über die Jahre schlechte Angewohnheiten eingestellt haben. Eine Ehefrau meint vielleicht, sie sei berufen, den lieben Mann mit beständigen Ermahnungen energisch zurechtzuweisen, etwa wie ein Viehtreiber, der seine unwilligen Tiere antreibt. Wagt er es dann, ein Versagen zuzugeben, kommt sie gleich mit der Erwiderung: »Ja, das hab' ich dir doch schon seit Jahren sagen wollen! Warum hat es so lange bei dir gedauert?«

Oder der Mann betrachtet sich selbst als starken, ruhigen Typ, der ein hartes Leben führt und sich meistens nur mit einem unverständlichen Brummen äußert. »*Echte* Männer teilen nichts von ihren tiefsten Gedanken und Gefühlen mit«, scheint sein Lebensmotto zu sein.

Damit man mich aber nicht bezichtigt, stereotyp zu handeln, will ich Sie gleich wissen lassen, daß in unserer Ehe ich der Redner bin. Dabei verstehe ich mich gar nicht gut darauf, tiefe Gefühle zu äußern. Aber ich bin gewöhnlich derjenige, der am meisten redet. Kürzlich erzählte Donna einigen Freunden eine Begebenheit, und ich unterbrach sie dreimal. Nach dem dritten Mal fragte sie erbost: »Darf ich bitte auch einmal einen Satz zu Ende reden?« »Sicher«, gestattete ich ihr großzügig, »welchen möchtest du denn gern beenden?«

Die meisten von uns können sich nur ungenügend mitteilen. Gute Kommunikation ist aber ein wesentlicher Teil der Ehe. Tatsache ist: Was soll die Ehe sonst sein, wenn nicht, daß zwei Menschen sich gegenseitig immer mehr und tiefergehend öffnen? Ohne diese echte wechselseitige Beziehung ist die Ehe nur ein Gefängnis, dessen Mauern aus den gemeinsamen Nachkommen und weltlichen Besitztümern bestehen.

Im ersten Teil des 4. Kapitels sprach ich über die Grundlage, die notwendig ist, damit man miteinander offen und ohne Furcht reden kann. Bitte, nehmen Sie sich jetzt die Zeit, die betreffenden Seiten laut vorzulesen, wenn Sie es noch nicht getan haben.

Wenn Sie erst einmal das Fundament gelegt haben, können bestimmte Zuhör- und Redehilfen von Nutzen sein. Es existieren bereits viele Bücher über Kommunikation. Falls Sie auf diesem Gebiet einen großen Mangel verspüren, verschaffen Sie sich einen kurzen Überblick über eines davon. Ich will Ihnen nur drei kurze Richtlinien geben, die sich bei Donna und mir bewährt haben.

Kein »rotes Tuch« schwenken

Als erstes ist es wichtig, gewisse Worte oder Bemerkungen, die wie ein rotes Tuch wirken, zu vermeiden. Jeder der folgenden Ausdrücke garantiert Ihnen, daß sich bei Ihrem Partner die Nackenhaare sträuben. Und Sie werden in einen Streit verwickelt, anstatt fruchtbringend miteinander zu reden:

1. »Immer« (Du vergißt immer, den Mülleimer hinauszustellen.)
2. »Nie« (Du bist nie pünktlich.)
3. »Warum kannst du nicht . . .« (Warum kannst du mir nicht einmal zuhören?«)
4. »Typisch!« (So etwas Dummes kann man auch nur von dir erwarten.)
5. »Laß mich in Ruhe!« (Das verstehst du ja doch nicht.)
6. »Du bist genau wie deine Mutter (dein Vater)!«
7. »Damals hast du auch schon . . .« (Vorwürfe aus der Vergangenheit)

»Ich«, nicht »Du«

Zweitens, wenn Sie Ihre Gefühle zum Ausdruck bringen, sollten Sie anklagende »Du«-Botschaften vermeiden; z. B. »Du nervst mich« oder »Du hast keine Ahnung von der Haushaltsführung«. Gebrauchen Sie statt dessen »Ich«-Botschaften: »Ich bin ziemlich verärgert« oder »Ich bin frustriert, wenn ich nach der Arbeit in eine unaufgeräumte Wohnung zurückkomme.« Es ist richtig, Gefühle zu haben. Es ist aber falsch, diese zu unterdrücken, zu leugnen oder sie als »Knüppel« zu gebrauchen, um den anderen zu erniedrigen.

In seinem Buch »In guten wie in bösen Tagen« warnt Lawrence C. Crabb, Jr., davor, bei der Kommunikation die manipulierte Veränderung des Partners als Ziel im Auge zu haben. »Geht es aber als *Hauptmotivation* um das Ziel, vom Ehepartner eine Reaktion zu bekommen, die unsere eigenen Wünsche zufriedenstellt, . . . dann ist das eine Vergewaltigung der Liebe und daher verkehrt. Liebe wird dem Wesen nach beschrieben als *Fürsorge für andere.* . . . Beide Partner müssen ihre Ziele umwandeln vom Manipulieren zum Dienen. Und diese Revolution erfordert einen »übernatürlichen« Eingriff.«[2]

Das Ziel Ihrer Gespräche ist nicht Wahrheit, um zu manipulieren, sondern Wahrheit um der Liebe willen. »Laßt uns aber wahrhaftig sein in der Liebe«, schreibt der Apostel Paulus in Epheser 4,15. Donnas Reaktion auf meinen Fahrstil ist ein Beispiel davon. Ich muß zugeben, daß ich manchmal zu schnell fahre (oftmals ohne es zu merken). In den ersten Tagen unserer Ehe wurde sie immer nervöser, bis sie schließlich herausplatzte: »Fahr langsamer! Du fährst immer zu schnell! Du bringst uns alle noch um!«

Obschon ich wußte, daß ich im Unrecht war, wollte ich mich mit den Rügen meiner Frau nicht abfinden. Für gewöhnlich verlangsamte ich die Fahrt, grollte ihr aber und fuhr schon bald wieder schneller.

Als Donna die »Ich«-Botschaften anwenden lernte, kam es auch hier zum Tragen. Jetzt sagte sie etwa: »Ich fühle mich unsicher, wenn du so schnell fährst. Könntest du bitte langsamer fahren?« Statt mich anzugreifen, äußerte sie ein Bedürfnis, dem ich nur zu gern nachkomme. Obgleich ich es immer noch manchmal vergesse, glaube ich, daß mein Fahrstil besser geworden ist, seit sie ihre Taktik geändert hat.

Es ist eine große Hilfe, wenn beide Partner die Gründe analysieren und äußern lernen. Donna, z. B., erweitert manchmal ihre Aussage »Ich fühle mich unsicher bei deinem Fahrstil«, indem sie sagt: »Mir liegt sehr viel an dir. Ich bin froh, mit dir verheiratet zu sein. Und es macht mir Angst, wenn ich denke, ich könnte dich – oder eines unserer Kinder – durch einen Unfall verlieren.« Je klarer sie ihren Blickpunkt schildern kann, um so besser begreife ich, daß sie mich nicht angreift, sondern eine legitime Befürchtung ausdrückt.

Meine Frau ist eine Meisterin in dieser Kunst intelligenter Erläuterung ihrer Gefühle. Es ist etwas, was sie gelernt hat. Das braucht Übung, dient aber in großem Maße dazu, Mißverständnisse auszuräumen.

Eine »Ich«-Botschaft eignet sich auch gut zur Vermeidung von Zornesausbrüchen. Statt den ungesunden Extremen der Unterdrückung oder des Ausbruchs zu verfallen, können die Partner ihren Ärger ehrlich und doch ruhig ausdrücken. »Ich fange an, mich darüber zu ärgern«, sagte meine Frau, nachdem ich mehrmals hintereinander zu spät zum Abendessen kam. Sie nörgelte und keifte nicht, denn das hätte mich nur wieder in Abwehrstellung gebracht. Sie äußerte einfach ihre Gefühle, und ich verstand die Botschaft! Kapitel 8 behandelt das Thema Ärger ausführlicher unter der Überschrift »Sich streiten und vergeben«.

Einander zum Austausch ermutigen

Drittens – und dies gilt besonders für die »Quasselstrippe der Familie« –, lernen Sie es, Ihren Partner zum »Sich-Mitteilen« zu ermutigen. Anstatt das rote Tuch zu schwenken, versuchen Sie es mit einigen der folgenden Aufforderungen – und dann hören Sie aufmerksam zu.

1. »Erzähl mir, wie du dich fühlst in bezug auf . . .«, »Was verursacht diese Gefühle bei dir?«
2. »Was hat dir diese Woche (diesen Monat) am meisten zu schaffen gemacht?« »Wie kann ich dir auf diesem Gebiet helfen?«
3. »Weißt du, daß ich dich liebe? Wie kann ich es dir noch deutlicher zeigen?«
4. »Was hat dir in der vergangenen Woche (in diesem Monat) am meisten Freude bereitet?«

Offenheit kann man nicht über Nacht erreichen. Kommunikation zu lernen, ist ein lebenslanger Vorgang. Ehepaare könnten z. B. damit anfangen, indem sie ein Bedürfnis oder ein Gefühl zugeben. Was Ihr Anfangspunkt auch sein mag: Wenn Sie die folgenden Fragen durchsprechen, werden Sie gewiß eine positive Richtung einschlagen.

 ## Bibelstudium

Lesen Sie Epheser 4,13–32 laut vor. Machen Sie sich gemeinsam Gedanken darüber und schreiben Sie die Merkmale einer Person auf, die sich mitteilen kann.

 ## Austausch

Diskutieren Sie die Fragen vom Standpunkt eines jeden Partners aus:

1. »Habe ich manchmal fehlerhafte Kommunikationsgewohnheiten?« (Jeder sollte sich nach der folgenden Liste selbst beurteilen

und erklären, warum die Beschreibung zutrifft. Der andere Partner soll sich als Antwort mit einem verstehenden Lächeln begnügen!)
- Sepp/Senta Sentimental
- Siegfried/Sieglinde Stark-und-Schweigend
- Alfred/Alice Alleswisser
- Karl/Karla Kamikaze
- Michel/Minna Mimose
- Einhard/Eila Eisberg
- Viktor/Veronika Vulkan
- Peter/Petra Perfekt
2. »Wie fühlst du dich, wenn ich mich so verhalte?«
3. »Ich würde ja ruhiger und offener mit dir reden, wenn . . .«
4. »Schwenke ich manchmal ›rote Tücher‹ mit meinen Worten? Welche?«
5. »Greife ich dich manchmal mit ›Du‹-Aussagen an, wenn ich über negative Dinge rede, wie z. B.: ›Deine Angewohnheiten widern mich an‹? Nenne ein paar spezifische Beispiele und sage mir, wie du es lieber hören würdest.«
6. Es braucht Zeit, einander zum Reden zu ermuntern. »Überlege, wann wir Zeit dafür einräumen könnten; vielleicht einmal wöchentlich.« (Kapitel 14 bietet Vorschläge für wöchentliche Aussprachezeiten an.)

 ## Bestätigung

»Ich danke dir für dein Bemühen, was die Kommunikation betrifft. Was ich dabei besonders an dir schätze, ist . . .«

 ## Gebet

»Herr, wir sind wieder an unsere menschliche Neigung erinnert worden, uns gegenseitig anzugreifen und anzuklagen. Dabei sollten wir uns doch gegenseitig annehmen und vergeben. Schenke uns ein herzliches Verlangen, einander zu dienen, anstatt zu manipulieren. Danke, daß du uns volle Vergebung schenkst, weil Jesus am Kreuz dafür bezahlt hat. Führe uns in den kommenden Monaten, damit wir erleben, wie die Schranken zwischen uns fallen . . .«

Praktische Anwendung

»Laß uns noch einmal unser Gespräch zusammenfassen und ein einfaches Ziel setzen.« Z. B.: »Wir werden eine wöchentliche Aussprachezeit einrichten, und zwar ab kommendem _____ jeweils um _____ Uhr.«) (Schreiben Sie Ihre Entscheidung hier auf und besprechen Sie beim nächsten Eheausflug, was sich in der Zwischenzeit geändert hat.)

7 Mörtel für Ihre Gartenmauer

Auf der Suche nach der geistlichen Einheit

Sie haben die Ärmel hochgekrempelt und sind eifrig dabei, eine starke Schutzmauer für Ihren Ehegarten zu bauen. Es wird aber auch Zeit, denn hier kommen schon die Widersacher!

Gerade, wenn es so aussieht, als hätten sie einen feindlichen Angriff abgewehrt, kommt – HHUIIHH! – eine gewaltige Böe angebraust. Wenn Sie nun eine wesentliche Zutat vergessen haben, wird Ihre schöne Mauer nur noch ein Schutthaufen sein!

Was ist diese »Zutat«, der Mörtel, der die Mauer eines Ehegartens davor bewahrt, beim ersten Windstoß umzufallen? Dieser unentbehrliche Mörtel ist die *geistliche Einheit*.

Die Mehrheit der Ehepaare, die wir in Vorbereitung dieses Buches befragten, kreuzten »geistliche Einheit« als etwas dringend und spürbar Notwendiges für ihre Beziehung an. Was erlebten sie in ihrer Ehe, daß sie sich auf diesen Begriff festlegten?

Ich glaube, sie sagten damit: »Ich empfinde es als notwendig, als Person in engerer Gemeinschaft mit Gott zu leben, mein Partner würde ohne Zweifel davon profitieren! Wenn wir beide dem Herrn näherkämen, würde eine geistliche Atmosphäre unser Eheleben durchdringen. Wahrscheinlich wäre das der Schlüssel zur Lösung vieler anderer Probleme, die wir in weiteren Bereichen ebenfalls haben.«

Ehe wir über geistliche Einheit sprechen können, müssen wir jedoch über *geistliche Individualität* reden. Geistliche Einheit ist nur möglich, wenn beide Ehepartner geistliches Leben haben. Sie müssen beide eine persönliche Beziehung mit Gott durch Jesus Christus haben, und ihre Abhängigkeit von ihm muß zunehmen. Es ist unbedeutend, wie weit sie bereits auf ihrer geistlichen Pilgerreise gekommen sind, solange sie sich nur vorwärtsbewegen.

In diesem Sinne möchte ich eine Definition von *geistlicher Einheit* geben: *Geistliche Einheit ist ein harmonisches Einssein zweier wachsender, vom Geist erfüllter Christen in der engen Ehegemeinschaft.*

Wenn einer oder beide Partner unter der Herrschaft des eigenen Ichs leben, statt dem Geist Gottes Gehorsam zu leisten, bleibt die geistliche Einheit ein unerfüllbarer Traum.

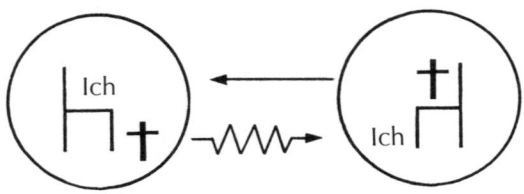

Partner A beharrt auf dem eigenen Weg. Christus ist zwar in seinem Leben, aber nicht als Herr.

Partner B überläßt Christus den Thron seines Lebens, wobei das Ich entthront ist.

Dieses Ehepaar kann nur zur geistlichen Einheit gelangen, wenn *beide* dem Herrn den Thron ihres Lebens überlassen, wie das folgende Diagramm zeigt:

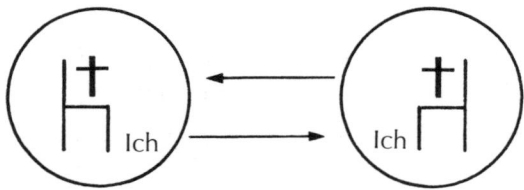

Eine Atmosphäre der Einheit prägt die Beziehung dieses Ehepaares, weil beide dem Heiligen Geist die Führung in ihrem Leben überlassen haben (siehe Anhang C).

Natürlich bedeutet es nicht, daß das zweite Ehepaar ein Inbegriff der Tugend ist, sich nie streitet und sich wie ein liebeskrankes

Turteltäubchenpaar benimmt, das sich beständig zugurrt. Diese Ehepartner haben immer noch ihren Streß, ihre Probleme und starke Meinungsverschiedenheiten. Mitten in den Angriffen gegen ihre Ehe können sie jedoch einander unterstützen und den Feind, anstatt sich gegenseitig, bekämpfen.

Wer sind diese schleichenden Feinde Ihrer Ehe? Ihr Oberbefehlshaber ist Satan, der die Herrschaft über den Planeten Erde gewinnen will. Ganz sicher freut er sich nicht über zwei vom Geist Gottes erfüllte Personen, deren Ehe die herrliche Einheit Christi und seiner Gemeinde widerspiegelt (s. Epheser 5,22–33).

In seinem Buch »One plus One« (Eins plus eins) schreibt Tim Timmons: »Auch heute noch ist die Ehebeziehung dazu da, daß die Ehepartner gegen die Mächte der Finsternis bestehen können. Satans Reich wird bezwungen, wenn Mann und Frau den geistlichen Kampf gemeinsam in der Abhängigkeit vom Herrn aufnehmen. Darum konzentriert Satan seinen Hauptangriff auf die Ehebeziehung, weil er weiß, daß ein Ehepaar, das nach den Grundsätzen Gottes lebt, zu seinen größten Feinden zählt.«[1]

Wer sind die Boten Satans, die auf Ihren Garten »zukriechen«? Sie kommen in vielerlei Gestalt:
- *Anfechtungen, Leiden* (die Entmutigung oder Depressionen verursachen);
- *Ablehnung* (seitens der Familie oder der Freunde, die Ihre Hingabe an Christus nicht verstehen);
- *wirtschaftlicher Druck* (vermindertes Einkommen, Arbeitslosigkeit);
- *Gefühle der Einsamkeit* (keine enge Gemeinschaft mit anderen Christen);
- *Sexuelle Versuchungen* (Gedanken, Sehnsüchte nach physischer und emotionaler Befriedigung außerhalb der Ehe);
- *Eintönigkeit.* (Man zieht immer dieselbe Furche, bis sie zum Grab zu werden droht.);
- *Andere Feinde.* (Ich bin sicher, Sie kennen noch weitere.)

Welche dieser Feinde greifen *Ihren* Garten an? Es ist nicht der Sinn dieses Kapitels – und schon gar nicht dieses Buches –, Ihnen einen Stock in die Hand zu geben, mit dem Sie die kleinen Biester zu vertreiben versuchen. Wenn Sie auch einige töteten, würden doch andere ihren Platz einnehmen. Es ist vielmehr unsere Absicht, Ihnen zu helfen, eine massive Verteidigungsmauer zu bauen, die Sie beide *vereint* und gegen feindliche Anläufe *schützt*.

Erinnern Sie sich an die Gartenszene in 1. Mose 3? Die Schlange wartete listigerweise, bis Eva allein war, ehe sie zum Angriff überging. Satans Methoden haben sich nicht geändert: »Trennen und überwältigen« lautet seine Devise.

Deswegen müssen beide Partner stark und wirklich eins sein. Sie müssen als Einzelpersonen mit Gott leben, ehe sie die geistliche Einheit erfahren können. Wenn ein Partner sich in bezug auf geistliche Nahrung auf den anderen verläßt, werden beide finden, daß über kurz oder lang nur Frustration und Enttäuschungen auf sie warten. Wenn jedoch jeder für sich lernt, Gott besser zu erkennen, kann der geistliche Austausch sowohl für den einzelnen wie für beide als Ehepaar ein Katalysator zum Wachstum sein. In diesem Licht sollten sich gläubige Ehepartner fragen: »Wie können wir einander am besten in unserer täglichen Beziehung zum Herrn *ermutigen*?« Im Arbeitsteil werden wir darüber sprechen und Möglichkeiten zur Entwicklung der geistlichen Einheit aufzeigen.

Kommen wir miteinander ins Gespräch

 Austausch

Jeder zeichnet eine Strichtabelle (»Fieberkurve«) seiner persönlichen geistlichen Laufbahn vom Lebensanfang bis zur Gegenwart ein. Höhepunkte auf der Tabelle repräsentieren Zeiten, in denen Sie sich dem Herrn besonders nahe fühlten usw. Tauschen Sie sich danach über Ihre Tabellen aus.

> »Seht zu, liebe Brüder, daß keiner unter euch ein böses, ungläubiges Herz habe, das abfällt von dem lebendigen Gott; sondern ermahnt euch selbst alle Tage« (Hebräer 3,12–13). Wie können sich gläubige Ehepartner »jeden Tag ermuntern«? Zu Pfingsten hielt Petrus eine mitreißende Predigt, nachdem er den Heiligen Geist empfangen hatte, und viele Menschen wurden an einem Tag der kleinen Zahl der Gläubigen hinzugefügt.

In Apostelgeschichte 2,42 lesen wir, daß diese neuen (und älteren) Gläubigen sich vier Dingen widmeten:
1. der Lehre der Apostel
2. der Gemeinschaft
3. dem Brotbrechen
4. dem Gebet

Wir wollen sehen, wie Sie gemeinsam als Ehepaar jeden dieser Punkte anwenden können, um Ihr Leben mit Gott neu anzufachen. Nachstehende Reihenfolge scheint uns für Ihr Gespräch am geeignetsten (wobei die Punkte 2 und 3 der obigen Liste zusammengefaßt wurden):
— Verharren im Gebet (obiger Punkt 4),
— Wo ist ihre Gemeinschaft? Kommunikation und Gemeinschaft (Punkte 2 und 3),
— Gottes Wort aufnehmen (Punkt 1).

Verharren im Gebet

 Bibelstudium

Lesen Sie Philipper 4,4–7 laut vor. Mit welcher Aufforderung beginnt dieser Abschnitt?
Eine Möglichkeit, sich während des Gebets im Herrn zu freuen, ist das Beten eines Psalmes: Man liest ihn laut als Gebet zum Herrn und fügt zwischendurch eigene »Fußnoten« hinzu. Die Partner können sich dabei abwechseln.

 Austausch

Nehmen Sie Psalm 145 oder Ihren Lieblingspsalm (Lobpreis). Verwenden Sie ihn als Richtschnur der Freude im Herrn und zu seiner Anbetung. (Folgen Sie dem untenstehenden Beispiel oder erfinden Sie eine eigene sinnvolle Methode.)
Der Ehemann liest Psalm 145,1–2:
»Ich will dich erheben, mein Gott, du König, und deinen Namen lo-

ben immer und ewiglich. Ich will dich täglich loben und deinen Namen rühmen immer und ewiglich.

Er fügt sein eigenes Gebet hinzu:
»Herr, ich erhebe dich. Ehrfürchtig bete ich dich an; denn du bist König über das ganze Weltall und auch über unsere Ehe, über unser beider Leben. Es ist mein aufrichtiges Verlangen, mir jeden Tag Zeit zu nehmen, um deinen Namen zu preisen und dich in allem, was du bist, zu erheben . . .«

Die Ehefrau liest Psalm 145,3.4:
»Der Herr ist groß und sehr zu loben und seine Größe ist unausforschlich. Kindeskinder werden deine Werke preisen und deine gewaltigen Taten verkündigen.«
Sie fügt ihr eigenes Gebet hinzu:
»Herr, wenn ich an deine Größe denke, bin ich überwältigt. Sie ist wie ein Berg, dessen Gipfel ich nicht sehen kann. Vater, wir wollen immer wieder unseren Kindern von dir erzählen, damit auch sie anderen weitersagen können, was du getan hast . . .«
Fahren Sie in dieser Weise durch den ganzen Psalm fort.

 ## *Bibelstudium*

Lesen Sie noch einmal Philipper 4,4–7. Gemäß Vers 6 ist das Gebet ein Hilfsmittel gegen . . .
Was ist das Ergebnis des Betens (Vers 7)? Für wie viele Dinge sollen wir beten?

Eine von vielen Möglichkeiten, Ihre Bitten vor Gott zu bringen, ist in kurzen Sätzen für ein bestimmtes Anliegen zu beten. Ein Beispiel:
Ehemann:»Herr, ich möchte dir die morgige Sitzung im Büro anbefehlen. Du weißt, wie gern ich diesen Vertrag abschließen würde. Hilf mir, alles in deinen Händen zu belassen.«
Ehefrau:»Damit stimme ich überein, Herr. Gib Hans echten Frieden und die nötige Zuversicht für diese Sitzung. Erinnere ihn daran, daß du dort bei ihm bist . . .« (usw.).

Austausch

Nehmen Sie sich Zeit für diese Art des Betens. Denken Sie daran, es ist kein Monolog, sondern ein Dreiergespräch zwischen Ihnen, Ihrem Partner und dem Herrn der Heerscharen. Hören Sie aufeinander und haben Sie auch keine Angst vor »Schweigepausen«, in denen Sie gemeinsam auf die stille Stimme Gottes hören können. Setzen Sie eine Zeit fest.

 ## *Bibelstudium*

In Apostelgeschichte 2,42 steht das Wort für Gebet im griechischen Grundtext in der Mehrzahl. Dieser Vers und Apostelgeschichte 3,1 deuten an, daß die Gläubigen sich zu regulären Gebetszeiten im Tempel zusammenfanden. Welchen Wert hat das Gebet zu bestimmten Tageszeiten?

 ## *Austausch*

Wie viele verschiedene Handhabungen des Gebets wir auch »gemeistert« haben mögen – wenn wir uns keine Zeit zum Gebet nehmen, taugen alle nichts. Können wir nicht eine tägliche regelmäßige Zeit von 15 bis 30 Minuten für das gemeinsame Reden mit dem Herrn festsetzen? (Dies sollte jedoch nie ein Ersatz für die eigene »Stille Zeit« sein.) Notieren Sie Ihre besten Ideen dazu im Gesprächsordner.
Einige Vorschläge:

– vor dem Frühstück,	– wenn die Kinder im Bett sind,
– nach dem Frühstück,	– beim gemeinsamen Joggen,
– nach dem Abendessen,	– vor dem Einschlafen.

 ## *Bestätigung*

»Ich kann den Heiligen Geist in deinem Gebetsleben wirken sehen. Dabei ermutigt mich besonders, daß . . .«

Gebet

»Vater, wir sind Lernende in der Schule des Gebets. Auf dieser Grundlage kommen wir zu dir mit offenen Händen. Herr, lehre uns gemeinsam beten! Gib in deiner Gnade, daß unser Heim ein Heim des Gebets wird . . .«

Wo ist ihre Gemeinschaft

Können Sie es sich bildlich vorstellen? Jerusalem, A. D. 33. Die neue Gemeinde hat mehr als dreitausend Glieder, aufgeteilt in Hauskreise. Abends auf einer Straße kann man folgendes Gespräch hören:

»Papa, warum müssen wir denn zum Haus gehen, wo Petrus predigt – du weißt doch, wie lange er immer spricht!«

»Mein Sohn, du sollst nicht immer kritisieren!«

»Ach, Papa, Benjamin hat recht! Wir brauchen nur drei Straßen weiter zu gehen, da kommen wir zum Haus von Johannes! Der hört immer pünktlich auf, und Maria hat immer so gute Erfrischungen . . .«

Nun, ich weiß nicht, ob es so war; aber überraschen würde es mich nicht. Für Christen lautet eine wichtige Frage immer: Welchem Teil des Leibes Christi soll ich mich anschließen? Was sind die Kriterien: Nähe, Herzlichkeit, die Predigten oder unsere Bedürfnisse?

Was ist eine Gemeinschaft

Die Urgemeinde hatte es in gewisser Hinsicht leicht. Ihre Gemeinschaften waren auf die Größe ihrer Häuser begrenzt! Viele Kirchen heute haben Tausende von Mitgliedern. Auch in Amerika gibt es Gemeinden, in denen Tausende die Gottesdienste besuchen. Wie kann ein gläubiges Ehepaar zu mehreren tausend Menschen einen Bezug finden?

Daß dies unmöglich ist, liegt auf der Hand. Darum ist es so wichtig, innerhalb einer größeren Körperschaft eine kleinere »Zelle« der Gemeinschaft zu finden, der wir verbindlich angehören. Das

Zusammensein und die Gemeinschaft der gesamten Gemeinde im Gottesdienst ist ebenfalls wichtig. Aber nur in einer kleineren Gruppe werden wir tiefe Einheit und Verbindlichkeit finden.

Einige mögliche Gruppen der Gemeinschaft innerhalb einer größeren Körperschaft sind:
- Gebetskreise
- Hausbibelkreise
- Evangelisationsteams.

Solche Gruppen sollten nicht mehr als zwanzig Leute umfassen, sonst wird es wieder unpersönlich. Ein wichtiger Teil ihrer Zielsetzung sollte sein, gegenseitig die Lasten zu tragen und einander zu größerer Reife in Christus zu ermutigen.

 ## *Bibelstudium*

Lesen Sie Epheser 1,7 und 1. Korinther 12,13. Welche beiden Wesensmerkmale zeichnen die Glieder einer wahren christlichen Gemeinschaft aus? In welcher Weise könnten Sie sich als Teilnehmer einer solchen Gruppe freier fühlen, verglichen mit anderen Gruppen (z. B. Vereine etc.)? Notieren Sie Ihre Gedanken in Ihrem Gesprächsordner.

Lesen Sie noch einmal Apostelgeschichte 2,42 und schreiben Sie die vier tragenden »Säulen« der Urgemeinde auf.

Wenn Sie nun durchlesen, was Sie gerade aufgeschrieben haben, erkennen Sie vielleicht, welchem Kreis oder welcher Gemeinde Sie sich insbesondere anschließen sollten.

Für gewöhnlich ist es keine gute Sache, sich einer Gemeinschaft – oder auch einer Gemeinde – nur deswegen anzuschließen, weil sie einen »braucht«. Natürlich werden Sie ihr dienen wollen und Ihre geistlichen Gaben überall einsetzen. Aber wenn die Gemeinschaft geistlich in wirklich schlechter Verfassung ist, wird sie wahrscheinlich Ihr persönliches Wachstum behindern.

Wählen Sie Ihre Gemeinde und Ihren Gemeinschaftskreis sorgfältig aus und arbeiten Sie dort verbindlich mit. Das heißt natürlich nicht, daß Sie schon da sein müssen, wenn der Hausmeister das Licht anknipst! Aber Sie sollten dort Ihren Platz finden und von ganzem Herzen dem Herrn dienen. Gesellen Sie sich nicht zur Herde der »Gemeindehüpfer«. Solche Leute haben sich selbst dazu verurteilt, immer nur auf der Suche zu sein und nur kurz zur Ruhe zu kommen, bevor sie ihre Leinen auf der endlosen Irrfahrt nach der vollkommenen Gemeinde wieder losmachen. (Falls sie diese je finden und ihr beitreten sollten, wäre sie schon nicht mehr vollkommen!)

In Apostelgeschichte 2,47 lesen wir: »Der Herr aber fügte täglich zur Gemeinde hinzu, die gerettet wurden.« Warum? Weil diese neuen Gläubigen nicht nur allen Menschen, denen sie begegneten, das Zeugnis von Jesus weitersagten, sondern weil sie untereinander auch Liebe übten. Die Welt sah eine Gruppe von Menschen, die in der hohen Kunst der Liebe erfahren war, und das wirkte sehr einladend. Diesen Vorteil bietet uns ein verbindliches Leben in einer kleineren Gemeinschaft von Gläubigen.

 Austausch

Sprechen Sie miteinander über verbindliche Mitarbeit in einer Gemeinschaft von Gläubigen. Nehmen Sie sich zunächst jeder getrennt Zeit, die folgenden Fragen mit ein paar Sätzen zu beantworten:

1. Zu welcher Art von Gemeinschaft würde ich gern gehören?
2. Wie stelle ich mir eine ideale Verbindlichkeit unsererseits in einer solchen Gemeinschaft vor (d. h. unsere Aufgaben, die Zeitfrage, wie weit unsere Verbindlichkeit gegenüber anderen Gemeindegliedern gehen sollte usw.)?

Tauschen Sie sich nun über Ihre Antworten aus.

Wir werden folgendes unternehmen, um uns einer Gemeinschaft anzuschließen. (Notieren Sie die Beschlüsse).

Welche Veränderungen sollten wir bei unserer Gemeindezugehörigkeit oder im Hinblick auf unsere verbindliche Mitarbeit in unserer jetzigen Gemeinde vornehmen? (Schreiben Sie Ihre Vorstellungen auf.)

Bestätigung

Bestätigen Sie sich als Ehepaar gegenseitig in bezug auf Ihre Gaben: »Ich sehe bei dir folgende Gaben, mit denen du dem Leib Christi dienen könntest: . . .«

(Informieren Sie sich anhand der Bibliographie über Bücher, die Ihnen helfen, Ihre geistlichen Gaben zu erkennen.)

 ## *Gebet*

»Vater, leite uns bei dem Bestreben, in unserem Teil des Leibes Christi zu dienen und Liebe zu üben. Zeige uns durch deinen Geist, wo wir Änderungen vornehmen sollten . . .«

Gottes Wort aufnehmen

Es ist zwar wichtig, »*sich in Gottes Wort* zu vertiefen«, wie man so sagt. Aber noch wichtiger ist es, *Gottes Wort in sich* aufzunehmen!

Ein ausgezeichnetes Mittel dazu ist der regelmäßige Austausch über Bibelabschnitte mit Ihrem Ehepartner. Dazu gehört schon etwas mehr als ein gemurmeltes »Gute Predigt, was?«. Andererseits braucht es nicht gleich ein intensives Bibelstudium zu sein; das könnten Sie sicher besser allein machen. Diesen Austausch können Sie in die festgelegten Gebetszeiten integrieren oder sich in sonstigen regelmäßigen Abständen dafür Zeit nehmen.

Wer sich über eine Bibelstelle mit jemandem austauscht, sorgt dafür, daß seine geistlichen Lebenssäfte fließen. Das Tote Meer illustriert dieses Prinzip: Es ist tot, weil das Wasser nur *hinein-*, aber nicht *hinausfließt*. Wenn wir Gottes Wort nur aufnehmen, aber nichts davon weitergeben, werden wir bald eine schlimme geistliche »Verdauungsstörung« bekommen!

Bibelstudium

Das Folgende ist eine Möglichkeit, wie Sie die Bibel gemeinsam, vielleicht in Ihrer Andachtszeit, lesen könnten.

Jeder liest 1. Korinther 13, 1–8 (aus zwei verschiedenen Übersetzungen) laut vor. Danach liest jeder den Abschnitt noch mehrmals still für sich durch und notiert sich die gewonnenen Einblicke. Als nächstes tauschen Sie sich darüber aus. (Bei schwierigen Fragen kann ein Handbuch zur Bibel oder ein Kommentar gute Hilfe leisten.) Zum Schluß versucht jeder, auf nachstehende Fragen zu antworten:

Was hat dieser Abschnitt mir persönlich zu sagen?
Was will der Herr mir gerade jetzt dadurch mitteilen?

Es gibt viele Möglichkeiten neben der eben genannten, sich gemeinsam unter das Wort Gottes zu stellen. Einige Beispiele:

– Verwenden Sie ein tägliches Andachts- oder Losungsbuch und sprechen Sie über die angegebenen Schriftstellen.
– Besuchen Sie gemeinsam einen Bibelkreis.
– Machen Sie sich Notizen während der Predigt, um sich hinterher darüber auszutauschen.
– Richten Sie wöchentlich einen Abend ein, an dem Sie sich biblische Botschaften auf Kassetten anhören und darüber sprechen.
– Tauschen Sie sich über Erkenntnisse aus Ihrer täglichen Stillen Zeit aus. (Das motiviert auch dazu, sie konsequent einzuhalten!)

 ## Austausch

Was wäre für uns die beste Art und Weise, uns über Gottes Wort auszutauschen? Welchen Zeitpunkt könnten wir in unserem Wochenplan dafür festlegen?

Bestätigung

»Ich bin ganz sicher: Gott wird sein Werk, das er bei dir angefangen hat, auch vollenden bis zu dem Tag, an dem Jesus Christus kommt« (nach Philipper 1,6).

Gebet

»Vater, wir wissen, daß unsere Ehe an zweiter Stelle steht – nach unserer persönlichen Beziehung zu dir. Hilf uns, dir immer näherzukommen. Gib, daß dein Heiliger Geist völlig Handlungsfreiheit in unserem Leben erhält, damit Christus in und durch uns verherrlicht wird. Wir möchten in unserer Ehe eine Einheit erfahren, die nur du schenken kannst . . .«

Praktische Anwendung

Wir wollen unser Gespräch zusammenfassen und ein einfaches Ziel setzen. (Z. B.: Wir werden eine regelmäßige Austauschzeit mit Bibellesen und Gebet einrichten, und zwar jeden _____ um _____ Uhr.)

(Notieren Sie diese Entscheidung hier und besprechen Sie bei Ihrem nächsten Ausflug, welche Erfahrungen Sie damit bisher gemacht haben.

8 »Nimm du den Spaten, ich nehme die Harke«

Verständnis und Wertschätzung

Ein bekannter Biologe wurde gefragt, was er nach jahrelangem wissenschaftlichem Studium über Gott, den Schöpfer, herausgefunden habe. »Er besitzt eine unwahrscheinliche Vorliebe für Käfer«, erwiderte er sofort. Die Vielfalt und die Schönheit einiger der bisher klassifizierten 220 000 Käferarten hatten ihn tief beeindruckt.

Hätte er im selben Maße die Menschheit studiert, wäre dieser Wissenschaftler sicherlich zu der Schlußfolgerung gelangt, daß Gott »eine unwahrscheinliche Vorliebe für Menschen« hat! Kratzt man auch nur ein wenig die Oberfläche einer noch so kleinen Zahl von Menschen an, zeigen sich die erstaunlichsten Unterschiede.

Ob diese Vielfalt nun auf rassischen, kulturellen, religiösen, sexuellen, erzieherischen oder wirtschaftlichen Grundlagen beruht – Tatsache ist, daß keine zwei Menschen auf Erden genau gleich sind. Und je unterschiedlicher zwei Menschen sind, um so wahrscheinlicher ist es, daß Mißverständnisse, Mißtrauen oder gar gegenseitiges Mißfallen auftreten. Wie können Ehepartner, die entschlossen sind, ihren Ehegarten zu kultivieren, den Gartenboden mit ihrer individuellen Einzigartigkeit anreichern? Wie können sie dazu beitragen, daß ihre Unterschiedlichkeiten nicht zu einer Kluft zwischen ihnen werden, sondern gerade zu dem, was sie verbindet?

Dieses Kapitel ist dazu gedacht, solche Fragen zu beantworten, indem Sie gemeinsam folgende Bereiche untersuchen:

Ist es falsch, unterschiedlich zu sein?
Wie unterscheiden und wie gleichen wir uns? Und wie werden wir mit den dabei aufkommenden Spannungen fertig?

Wer hat hier das Sagen?
Wer hat in unserem Heim worüber das Sagen?
Sich streiten und vergeben
Wie können wir trotz Streit zu gegenseitiger Vergebung finden?

Es geht darum, durch den Austausch die gegenseitige Wertschätzung und Annahme zu vertiefen – samt Fehlern und allem. Es gibt immer wieder Stellen im Getriebe unserer Beziehungen, die aufgrund der Reibung »quietschen«; und es gilt, diese zu »ölen«. Dazu sollten Sie sich neben diesen Anregungen auch selbst einige praktische Ideen einfallen lassen.

Denken Sie daran: Das Bibelstudium ist ebenso wichtig wie der Austausch. Machen Sie sich Notizen in Ihrem Gesprächsordner.

Kommen wir miteinander ins Gespräch

 ### *Austausch*

Jeder nimmt ein Blatt Papier und schreibt zwei Überschriften – für jeden von Ihnen eine Spalte. Schauen Sie sich die Liste der Gegensätze an und schreiben sie auf, welche Eigenschaften ungefähr auf Sie selbst zutreffen. Notieren Sie dann die Eigenschaften, die in etwa Ihren Ehepartner beschreiben. Vergleichen Sie Ihre beiden Blätter miteinander. Aus der Sicht Ihres Ehepartners können Sie sicherlich etwas Neues über sich selbst lernen!

Wer bin ich? Wer ist mein Ehepartner?

Entweder so:	*Oder so:*
aus sich herausgehend	still
schneller Denker	bedächtig
Stadtmensch	Landmensch
humorvoll	ernst
streng	sanft
führend	ungern führend
pünktlich	oft unpünktlich
»Nachteule«	Frühaufsteher

perfektionistisch	eher lässig
impulsiv	diszipliniert
personenorientiert	sachorientiert
liebt Geselligkeit	bleibt gern zu Hause
braucht viele Menschen um sich	braucht das Alleinsein
Organisator	läßt alles auf sich zukommen
Praktiker	Theoretiker
optimistisch	pessimistisch
»setzt sich durch«	gibt gern nach
ausgeglichen	temperamentvoll
selbstbewußt	nicht entscheidungsfreudig

Ist es falsch, unterschiedlich zu sein?

»Ich bin jemand Besonderes.«/»Du bist jemand Besonderes.«

 ## *Bibelstudium*

Lesen Sie Psalm 139 laut vor, indem Sie sich bei jedem Vers abwechseln. Gehen Sie den Psalm noch einmal durch und notieren Sie fünf unterschiedliche Bereiche, in denen Gott Sie genau kennt. Dies sollte spezifisch auf Ihr Leben zutreffen. Für Vers 3: »... und siehst alle meine Wege«, könnte eine Ehefrau z. B. sagen: »Du weißt genau, wann ich einkaufen gehe.« Erörtern Sie dann folgende Fragen:

1. Ist Gott jemals über den Verlauf unseres Lebens überrascht? (s. Verse 15 und 16)
2. Wie sehr denkt Gott an uns? (s. Verse 17 und 18)
3. Lesen Sie Matthäus 6,25–34 laut vor. Mit welchen beiden Dingen aus der Natur vergleicht Jesus die Menschen? Was will er darüber sagen, wie Gott uns sieht?

Zum Nachdenken: Wenn die Menschen generell für Gott etwas ganz Besonderes sind, dann bedeute ich ihm sehr viel und mein Ehepartner genausoviel. In welcher Hinsicht leben wir, als sei das gar nicht wahr?

 **Austausch**

Schauen Sie sich noch einmal die Beschreibungen an, die Sie von der Liste auf Seite 90 für einander ausgewählt haben. Einigen Sie sich zunächst darüber, welche Wörter jeden von Ihnen am besten beschreiben. Zeichnen Sie dann die Beschreibungen, die auf Sie zutreffen, folgendermaßen an: Die Frau zeichnet einen Kreis um ihre Wörter und der Mann ein Kästchen um seine, auch wenn es dieselben Wörter sein sollten. Das könnte z. B. so aussehen:

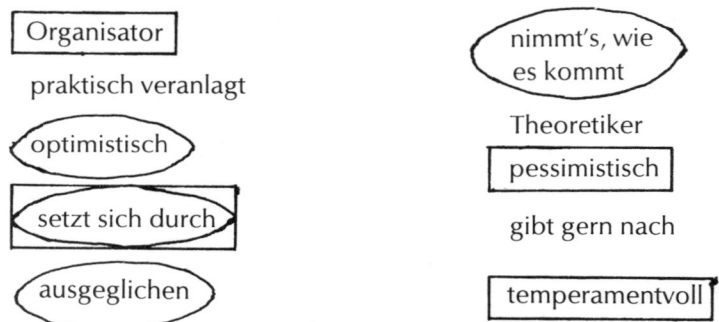

Fragen Sie sich bei allen festgestellten Gegensätzen (Kreis um den einen, Kästchen um den gegensätzlichen Begriff):
»Inwiefern führen unsere Unterschiedlichkeiten in diesem Bereich zu Spannungen in unserer Ehe?« (Nennen Sie spezifische Dinge.)
»Was können wir tun, um diese Spannungen abzubauen?« (Notieren Sie Ihre Antworten in Ihrem Gesprächsordner.)

Zum Beispiel: Ich bin im Grunde ein humorvoller Mensch und zeichnete deshalb ein Kästchen um »humorvoll«, während Donna viel ernster ist (sie malte einen Kreis um das Wort »ernst«). Wenn sie mir von einem Problem erzählt, das sie bedrückt, versuche ich oft, sie zum Lachen zu bringen. Wir haben aber gelernt, diese Spannung auf zweierlei Weise abzubauen. Als erstes habe ich beschlossen, ihr zuzuhören, wenn sie bedrückt ist, ohne gleich Witze zu machen. Zweitens, wenn ich bemerke, daß sie anfängt, sich selbst zu bedauern, habe ich die Erlaubnis, mit sanftem Humor zu reagieren.

Gehen Sie die Liste noch einmal durch und stellen Sie diesmal fest, um welche Wörter sowohl ein Kästchen als auch ein Kreis gezeichnet wurde. Fragen Sie sich:

»Führen unsere Ähnlichkeiten zu Spannungen?«
»Wie könnten wir diese abbauen?«
Schreiben Sie spezifische Ideen in ihren Gesprächsordner.

Donna und ich sind in vielerlei Hinsicht extrem gegensätzlich, außer in einer: Wir neigen beide dazu, in gewissen Bereichen unseres persönlichen Lebens undiszipliniert zu sein. Dies hat schon zu mehr Problemen geführt als irgendwelche unserer Unterschiedlichkeiten. Wenn morgens der Wecker klingelte, erwartete z. B. jeder vom anderen, daß er zuerst aufsteht. Nachdem wir mehrmals trotz Wecker verschlafen hatten, mußten wir uns eine Lösung ausdenken. Wenn heute der Wecker klingelt, ist Donna gerade dazu in der Lage, mir ein paar sanfte Stöße ans Bein zu geben. Danach bin ich wach genug, um aufzustehen und Kaffee zu kochen. Selbst nach mehreren Ehejahren müssen wir noch oft darüber sprechen, wie wir einander zu größerer Disziplin anspornen können.

Einander aufhelfen

 ## *Bibelstudium*

Lesen Sie Prediger 4,9–12. Notieren Sie, aus welchen fünf Gründen zwei besser daran sind als ein einzelner. »Was könnten wir aus eigener Erfahrung noch über diese Gründe sagen oder andere Gründe hinzufügen?«

 ## *Austausch*

Besprechen sie gemeinsam folgende Fragen und schreiben Sie die Antworten auf:

1. Welche Stärken sehen wir bei uns? Welche Schwächen?
2. Welchen Bereich meiner Stärken würde ich gern noch mehr fördern?
3. In welchem Bereich meiner Schwächen wäre ich gern stärker?

Bedenken Sie beim Ideenaustausch, weshalb zwei besser daran sind als ein einzelner! Vergessen Sie nicht, auch Vorschläge zu machen, wie Sie Ihrem Partner helfen können, eine Stärke weiterzuentwickeln oder eine Schwäche abzubauen. Der Mann könnte z. B. anbieten, einen Teil der Haushaltspflichten zu übernehmen, um seiner Frau mehr Zeit und Energie für ihre kreativen Interessen zu geben. Die Frau könnte sich bereit erklären, mit ihrem Mann einen Ausgleichssport zu treiben, weil sie weiß, daß er die Motivation eines »Mit-Leidenden« braucht.

»Es sollte jedoch nicht vergessen werden, daß keine noch so großen Bemühungen im Blick auf Selbstbesserung diese Eigenschaften in unserem Leben hervorbringen können, dies ist nur durch die Kraft des Heiligen Geistes möglich«, schreibt Tim LaHaye in seinem Buch »Geisterfülltes Temperament«. »Von daher ist es sehr leicht zu verstehen, daß die wichtigste Sache im Leben eines erlösten Christen ist, erfüllt zu werden mit dem Heiligen Geist.«[1]

 ## *Bestätigung*

»Du und ich, wir sind zwei sehr verschiedene Menschen. Darüber freue ich mich. Unser Leben wäre so unausgewogen und langweilig, wenn wir beide gleich wären! Ich bewundere und schätze besonders an dir, daß . . .«

 ## *Gebet*

»Herr, wir legen dir unsere Unterschiedlichkeiten hin. Du hast jeden von uns einzigartig und mit besonderer Absicht geschaffen. Und doch sagst du, daß wir auch eins sein sollen! Herr, diese Art der Harmonie in unserer Ehe ist ein Wunder, das nur du vollbringen kannst. Wir beten, daß du es geschehen läßt durch deinen Geist. Wir legen unser Leben in deine Hände . . .«

Wer hat in unserer Ehe das Sagen?

Bei der Beantwortung dieser heiklen Frage möchte ich Sie ermutigen, Gottes Wort zu Rate zu ziehen. Ich werde darauf eingehen, was Donna und ich für uns als richtig erkannt haben.

Das wichtigste ist jedoch, daß Sie beide darin übereinstimmen, wer bei Ihnen zu Hause in welchen Dingen zu bestimmen hat!

 ## *Bibelstudium*

Lesen Sie Epheser 5,21–33
Wenn beide von uns an Christus glauben, sind wir beide Glieder an seinem Leibe. Wer ist aufgrund dieser Bibelstelle das eigentliche Haupt unserer Familie? Was heißt das für uns, wenn Christus das Haupt unserer Familie ist? (Notieren Sie Ihre Antworten im Gesprächsordner.)
Welche Anweisungen werden dem Ehemann gegeben (Verse 25–30 und 33)?
Welche Anweisungen werden der Ehefrau gegeben (Verse 22,24,33)?

Ich glaube, in punkto Verantwortung im Haushalt gibt es eine große Bandbreite von dem, was Gott wohlgefällig ist. Als Donna und ich neuverheiratet waren, handelten wir mehr nach der Ansicht, daß ich – wegen meiner Position als »Haupt« meiner Frau – alle großen Entscheidungen und viele kleinere ebenfalls treffen sollte. Selbstverständlich zog ich Donna stets zu Rate und änderte meine Meinung nach ihren Ratschlägen. Aber im Grunde betrachtete ich mich als den, der die Verantwortung trug.

Diese Lösung befriedigte uns jedoch nicht ganz. Zum einen bin ich äußerst beschäftigt, verbrachte aber viel Zeit damit, Entscheidungen zu fällen, die Donna für mich hätte treffen können. Außerdem bin ich oft auf Reisen, und das Leben kann bis zu meiner Rückkehr schließlich nicht suspendiert werden. Donna wurde immer mehr frustriert. Sie war bereit, in gewissen Fällen eigene Entscheidungen zu treffen, aber unsere Arbeitsteilung gab ihr keine Handlungsfreiheit.

Allmählich wurden meine Augen in bezug auf die Fähigkeiten meiner Frau geöffnet, und so haben wir die Basis ihrer Autorität erweitert. Heute haben wir eine mehr angeglichene Partnerschaft. Jeder von uns trägt die Verantwortung für bestimmte Bereiche, und jeder zieht den anderen zu Rate, ehe er in wichtigen Angelegenheiten etwas unternimmt. So ist Donna z. B. die Hauptverantwortliche für die Inneneinrichtung unseres Hauses, sie durchdenkt die Erziehung unserer Kinder und sorgt für die Gäste. Ich beaufsichtige Bereiche wie größere Anschaffungen, die finanziellen Angelegenheiten und die Korrespondenz. Andere Ehepaare würden diese Dinge natürlich, je nach ihren besonderen Veranlagungen, anders aufteilen.

 ## *Austausch*

»Wie ist es bei uns? Sprechen wir doch darüber, wer in den jeweiligen Bereichen des Haushalts und der Familie der Hauptverantwortliche sein sollte. (Denken Sie aber daran, daß der Verantwortliche trotzdem noch den anderen Ehepartner zu Rate zieht, ehe große Entscheidungen getroffen werden.) »Welche Bereiche würden wir lieber gemeinsam verwalten?« (Fügen Sie der nachstehenden Liste noch eigene Punkte hinzu.)

1. Die Gesamtfinanzen (Sparen, Versicherung, Anschaffungen usw.)
2. Erziehung der Kinder. (Beide werden mitwirken, aber einer wird wohl die Hauptpläne machen.)
3. Gestaltung der Wohnung
4. Rasen und Garten
5. Instandhaltung des Autos
6. Aufteilung der Aufgaben im Haushalt
7. Aufteilung der Verantwortung für die Kinder
8. Bewirtung und Unterhaltung der Gäste
9. Korrespondenz (mit Verwandten usw.)

Was geschieht, wenn ein Ehepartner einen Rat gibt und der andere akzeptiert ihn nicht? Wenn Sie vorab entschieden haben, in welchem Bereich ein jeder das Sagen hat, dann bleiben Sie dabei, soweit es geht. Falls eine größere Uneinigkeit auftaucht, die selbst nach Gebet und Beratung nicht gelöst werden kann, sieht Gottes

Wort vor, daß der Ehemann die endgültige Entscheidung trifft und die Verantwortung für die Folgen übernimmt. Die Frau gibt nach, auch wenn sie zugibt, nicht einverstanden zu sein. Und sie läßt den Mann mit den Konsequenzen der Entscheidung leben, seien sie gut oder schlecht. (In letzterem Fall sagt sie auch nicht: »Das habe ich dir ja gleich gesagt!«)

Wenn die Frau ihren Mann mit echter Wertschätzung achtet und wenn der Mann sie mit tiefer Liebe ehrt – wie es in Epheser 5 steht –, dann werden viele Schwierigkeiten in bezug auf »Wer hat das Sagen« zweitrangig.

 ## *Bibelstudium*

Lesen Sie noch einmal Epheser 5,21.
»Wie können wir diese Schriftstelle anwenden, falls wir uns über eine Entscheidung nicht einig werden? Worauf beruht unsere gegenseitige Unterordnung?« (Lesen Sie Philipper 2,5–8 laut vor.)
Wenn ich nicht bereit bin, wenigstens in einigen Fällen meinem Partner und seinen Wünschen nachzugeben, muß ich mich fragen: »Wer hat im Augenblick die Herrschaft über mein Leben? Wer sitzt am ›Steuer‹: ich oder Gott?« Ich kann dem entgegenwirken, sobald ich merke, daß mein Ich und meine selbstsüchtigen Motive mein Herz wieder überrumpelt haben. Dann darf ich Gott unumwunden sagen, daß ich mit ihm darin übereinstimme, daß meine Haltung falsch ist (d. h., ich bekenne meine Sünden).
Ich bitte ihn, mich wieder mit seinem Geist zu erfüllen, und danke ihm dafür. (Wiederholen Sie den Abschnitt über den Heiligen Geist in Kapitel 3; s. a. Anhang C.)

 ## *Austausch*

»Wer sich in einer bestimmten Angelegenheit unterordnet, ist in der Situation der Stärkere.« Diskutieren Sie diese Aussage und denken Sie daran, in welchen Fällen Christus sich unterordnete.

»Gibt es einen Bereich in unserem Leben, in dem du gern die Entscheidungen treffen würdest?« »Gibt es ein Gebiet in deiner Verantwortung, das du lieber mir überlassen möchtest?«

Eine Wohnung einzurichten gehört zu meinen Hobbies. Ich würde gern derjenige sein, der darüber entscheidet, wie unser Zuhause aussieht! Donna hat aber auch eine starke künstlerische Ader, und daher gab es auf diesem Gebiet größere Konflikte zu Anfang unserer Ehe. Heute sehe ich, daß Donnas Wohlbefinden davon berührt wird, ob sie den Haupteinfluß bei der Gestaltung unserer Wohnung hat oder nicht. Sie sieht unser Zuhause als eine physische Erweiterung ihrer Persönlichkeit und betrachtet meine Domination darin als Bedrohung Ihres Frauseins. Darum ordne ich mich ihr auf diesem Gebiet unter, und zwar aus Liebe zu ihr. Sie akzeptiert wohlwollend meine Vorschläge, hat aber die Freiheit, nicht danach zu handeln.

 ## Bestätigung

»Ich respektiere dich wegen deiner größeren Erfahrung und deines Interesses in den Bereichen . . .«

»Ich bestätige dein Recht, für diese Dinge die Hauptverantwortung zu tragen, und ich vertraue deinen Fähigkeiten, damit umzugehen. Ich bin stets bereit, dir mit Ideen und praktischer Hilfe zur Seite zu stehen, wenn du mich brauchst.«

 ## Gebet

»Herr, wir geben zu, daß wir manchmal mehr daran interessiert waren, unseren Willen durchzusetzen, anstatt dich an uns handeln zu lassen. Ziehe uns näher zu dir hin. Fülle uns erneut mit deinem Geist, damit wir die Kraft haben, uns aus dem Überfluß unserer Beziehung zu dir einander unterzuordnen . . .«

Sich streiten und vergeben

Eine bekannte Rednerin für Frauenbibelkreise in Texas ermutigt alle Ehepaare, sich ab und zu auch einmal zu streiten. Ehepaare müssen dies hin und wieder tun können, um ihren Meinungsverschiedenheiten »Luft zu machen«. Wenn sie sich nie streiten, kann ihre Kommunikation wohl kaum ehrlich sein!

Sie hat recht! Ehepartner, die absolut keine äußerlichen Unstimmigkeiten zeigen, haben wahrscheinlich die Alternative gewählt: die sichere, aber tote Beziehung. Doch das Gegenteil ist noch unangenehmer – nämlich Partner, die jede kleine Diskrepanz als Ausrede benutzen, den 3. Weltkrieg vom Zaun zu brechen. Wie finden wir zu einer Ausgewogenheit? Und wie können wir vergeben und von neuem beginnen, wenn wir uns gestritten haben?

Zuerst zum Streiten

 ### *Bibelstudium*

Lesen Sie Epheser 4,15
»Welche ›Kontrolle‹ sollten wir beim Aussprechen der Wahrheit mit einbauen?«
»Was wird das Ergebnis sein, wenn wir die Wahrheit liebevoll sagen?«

Lesen Sie Epheser 4,26–27.
»Was würde man als ›sündhaften Zorn‹ bezeichnen?« »Was kann passieren, wenn wir das geschehen lassen?«

In Epheser 4,31 wird uns zwar befohlen, allen Zorn von uns wegzutun. Aber Gott rechnet trotzdem mit der menschlichen Neigung, zornig zu werden, wie aus Vers 26 ersichtlich ist. Dies trifft besonders bei der intimen Verbundenheit einer Ehe zu. Wie werden wir mit Zorn und Ärger in einer heilenden und Christus ehrenden Weise fertig?

Charles Swindoll nennt in seinem Buch »Entfache das alte Feuer« die folgenden sieben Regeln für einen ehelichen Konflikt:

1. Verpflichten Sie sich zu Ehrlichkeit und Respekt.
2. Benutzen Sie auf keinen Fall tödliche Waffen.
3. Seien Sie sich über den Zeitpunkt Ihres Streites einig.

4. Schlagen Sie nach der Kritik eine positive Lösung vor.
5. Achten Sie auf Ihre Worte und Ihren Ton.
6. Kritisieren Sie Ihren Partner nicht in aller Öffentlichkeit.
7. Wenn der Krach vorbei ist, helfen Sie beim Aufräumen. Dazu gehören Freundlichkeit, Herzlichkeit und Vergebung.[2]

Dem möchte ich aufgrund von Epheser 4,26 noch einen achten Punkt hinzufügen: Nicht erst darüber schlafen! Erledigen Sie die Angelegenheit, ehe Sie sich schlafen legen. Falls Sie zornig zu Bett gehen, könnte der Same der Bitterkeit Wurzel fassen.

 Austausch

»Welche dieser acht Regeln übertreten wir am meisten?«
»In welchen Bereichen sollten wir aufrichtiger miteinander sein?«
»In welchen Situationen müssen wir noch lernen, die Wahrheit liebevoller zu sagen?«
Schreiben Sie Ihre Gedanken auf. Dies wäre ein guter Zeitpunkt, Kapitel 6 über Kommunikation ohne Schranken zu wiederholen.

Vergessen Sie nicht zu vergeben

Jemand sagte einmal: »Vergeben heißt, den Gefangenen freisetzen; wobei man lediglich entdeckt, daß man selbst der Gefangene war.« Was aber, wenn uns nicht nach Vergebung zumute ist? Oder wir meinen, wir können es einfach nicht? Einige Ehepartner haben sich gegenseitig tiefe Wunden zugefügt, bis sich eine Narbe über der anderen bildete. Was dann? Wie können wir Gottes Handeln in all den negativen Dingen erfahren? Ney Bailey empfiehlt drei Schritte:[3]

Schritt eins: Dank sagen

 Bibelstudium

Lesen Sie Epheser 5,20 und 1. Thessalonicher 5,18. Scheint es Ihnen sinnlos zu sein, Gott für das Versagen und die Fehler Ihres Ehepartners zu danken? Wenn das der Fall ist, lesen Sie Römer 8,28–29. Gott kann in der Tat die Fehler anderer benutzen, um uns Christus ähnlicher zu machen! Wenn wir Gott für das danken, was uns nicht gefällt, werden wir auch sein Handeln in unseren »negativen« Umständen und die Auswirkungen seiner Kraft erleben.

 ## *Austausch*

»Für welche negativen Dinge in unserer Beziehung sollten wir Gott danken?«

Schritt zwei: Segnen, nicht fluchen

 ## *Bibelstudium*

Lesen Sie Jakobus 3,9–11 (Elberfelder Übersetzung). »Segnen« heißt, Gutes von jemandem zu reden; »fluchen« bedeutet, nichts Gutes von jemandem zu reden.
Was ist nach Vers 9 so verwerflich daran, anderen Menschen zu fluchen? (Dies bezieht sich nicht nur auf das, was wir offen sagen, sondern auch auf das, was wir von ihnen in unserem Herzen sagen.)

 ## *Austausch*

»Scheint es, als hätten wir in letzter Zeit schlecht voneinander geredet oder gedacht?« »Wenn ja, welche Folgen ergaben sich daraus?«

Schritt drei: Klares Erkennen der eigenen Vergebung

 ## *Bibelstudium*

Lesen Sie Epheser 4,32 und Kolosser 3,12–13. Auf welcher Grundlage werden wir aufgefordert, anderen zu vergeben? (Überlegen Sie einmal in aller Stille. Denken Sie an all das, was Christus Ihnen vergeben hat. Bitten Sie ihn, daß er seine vergebende Liebe in Ihrem eigenen Herzen Realität werden läßt, so daß Sie diese Vergebung auch Ihrem Ehepartner zusprechen können.)

 ## Bestätigung

»Ich nehme dich als den Partner an, den Gott mir geschenkt hat. Ich bin so dankbar, daß auch du mich annimmst, wie ich bin, mit allen meinen Fehlern. Mit Gottes Hilfe möchte ich anfangen, dich aufrichtig in meinem Herzen zu ›segnen‹ und nicht zu ›fluchen‹. Ich möchte dir sagen, daß ich dir . . .«
»Vergibst du mir für . . .?«

 ## Gebet

»Vater, wir haben oft die Regeln für einen fairen Streit übertreten und einander tief verletzt. Wir haben beide Narben davongetragen und finden es schwer zu vergeben. Herr, schenke uns durch deinen Geist eine neue Fähigkeit, zu vergeben und zu vergessen. Hab Dank, daß du einen so hohen Preis bezahlt hast, damit du uns Vergebung schenken und jeden von uns in eine persönliche Beziehung zu dir bringen konntest . . .«

 ## Praktische Anwendung

»Wir wollen unsere Aussprache zusammenfassen und uns ein einfaches Ziel setzen.« (Z. B.: »Für die nächsten 30 Tage wollen wir beide Gott im Gebet Dank sagen, daß er uns hilft, das Negative in unserer Beziehung zu verstehen. Wir wollen ihm danken für seine Vergebung und dafür, daß er in den negativen Dingen wirken kann, damit wir Christus ähnlicher werden.«)
(Notieren Sie Ihre Zielsetzung hier und besprechen Sie die Erfahrungen damit beim nächsten Eheausflug.)

9 Ihr gemein-
samesRanken-
gewinde

Emotionale und
körperliche
Vertrautheit

Ich sehe mich gern unorganisierten Situationen gegenüber, weil ich dann aus dem Chaos eine leistungswirksame Ordnung schaffen kann. Eines Tages wartete ich in einer Menschenschlange ungeduldig auf meinen Imbiß. Dabei beobachtete ich das Personal, wie sie – Styroporkartons voller Hamburger unter den Arm geklemmt – geschäftig hin- und hereilten. Und in Gedanken brachte ich die gesamte Operation auf Vordermann.

Daran ist ja auch nichts auszusetzen – so hatte ich beim Warten wenigstens Kurzweil. Wenn ich aber diese meine leistungsfachmännische Tendenz mit nach Hause nähme und im Schlafzimmer anwenden wollte – Vorsicht! Ich könnte ganz logisch, obschon in selbstsüchtiger Weise, unsere sexuelle Beziehung wie folgt analysieren. Ich besitze starke sexuelle Bedürfnisse. Wie könnten wir also unser Leben am besten organisieren, um diese Bedürfnisse schnell und vollständig zu befriedigen?

Tut mir leid, meine Herren, aber das geht nicht! Gott hat Frauen in unglaublich komplexer Weise erschaffen. Jemand sagte einmal: »Willst du über Männer Bescheid wissen, frage eine Frau. Willst du über Frauen Bescheid wissen, frage den Herrn!«

Da Männer und Frauen so unterschiedlich auf das Geschlechtliche ansprechen, ist es ein Wunder, daß sie es überhaupt fertig bringen, zusammenzukommen! Es würde wohl auch nie geschenen, wenn der Schöpfer selbst uns nicht einen starken Geschlechtstrieb gegeben hätte.

Betrachten wir zu Beginn einige der männlich-weiblichen Unterschiede in der sexuellen Beziehung. Danach wollen wir untersuchen, wie diese Unterschiede durch das Konzept der harmonischen Vertrautheit sich gegenseitig ergänzen können. Und schließlich tauschen wir uns über bestimmte Fragen zur körperlichen Vereinigung eines Ehepaares aus.

Es leben die Unterschiede!

Wenn wir nicht begreifen können, daß es wirkliche, von Gott gegebene Gegensätze gibt, wie Männer und Frauen auf sexuelle Dinge ansprechen, bleiben uns nur noch Frustration und Enttäuschungen. Erst wenn wir diese Unterschiede akzeptieren, können wir anfangen, konstruktiv damit umzugehen. Betrachten Sie folgendes Schema, aus dem »Family Life Conference«-Arbeitsbuch[1]:

Unterschiede im Geschlechtlichen

	Männer	Frauen
Vorstellung der Sexualität	körperlich körperliche Einheit Abwechslung Sex hat hohe Priorität	bezugsorientiert emotionale Einheit Geborgenheit andere Prioritäten sind evtl. höher
Stimuliert durch	Sehvermögen Geruchssinn	Berührung Haltung Handlungen Worte
Bedürfnisse	Respekt Bewunderung körperliche Bedürfnisse keine Abweisung	Verständnis Liebe emotionale Bedürfnisse Zeit
Sexuelle Reaktionen	nicht zyklisch schnelle Erregung initiativ (meistens) schwer abzulenken	zyklisch langsame Erregung reagierend (meistens) leicht abzulenken

Kommen wir miteinander ins Gespräch

 Austausch

Nehmen Sie jeder ein Blatt Papier aus Ihrem Ordner. Beantworten Sie – jeder für sich – folgende Frage:
»Wo sehen wir in Anbetracht des obigen Schemas Spannungspunkte aufgrund unserer männlich-weiblichen Unterschiede?« (Teilen Sie einander die Antworten mit. Versuchen Sie aber nicht, jetzt schon Lösungen zu finden.)

Für einen Mann bedeutet sexuelle Vereinigung eine spezifische Handlung, die sich anhand von »wieviel Mal pro Woche« messen läßt. Im Unterbewußtsein benutzt er die Sexualität als Ablagebehälter, in dem er alle seine angesammelten Ängste, Freuden, Spannungen und Aufregungen ablädt. Zusätzlich gelingt ihm noch eine buchstäbliche physische Entladung angestauter Flüssigkeit. Sein Bedürfnis für diese Entladung ist äußerst groß. »Versagt« er im Sexuellen, fühlt er sich in seinem Ego getroffen.

Für eine Frau ist der Geschlechtsverkehr der Höhepunkt ihrer Reaktionen auf Liebkosungen, opferbereite Liebe und sogar auf geistliche Leitung seitens ihres Mannes. Sie betrachtet Sexualität viel weniger als spezifische Handlung, sondern mehr als Teil der gesamten Atmosphäre, in der sie sich als verheiratete Frau bewegt. Die Handlung ist die Sahne zum Kuchen; und der Kuchen will erst gebacken sein, ehe man Sahne darauf tun kann!

»Männer gebrauchen Intimität, um »Sex« zu bekommen. Frauen gebrauchen »Sex«, um Intimität zu bekommen«, lautete der Kommentar eines Journalisten im »Time Magazine«.[2]

Ich bin ziemlich überzeugt davon, daß Unzufriedenheit in der Ehe von den unterschiedlichen Einstellungen der beiden Ehepartner zum Sex herrührt.

Intimität: Den Kuchen backen

Dr. James Dobson beschreibt dieses Dilemma in seinem Buch »Das solltest du über mich wissen«:

Welchen Zündstoff für Konflikte bietet diese sexuelle Verschiedenartigkeit in einer ehelichen Beziehung, die von aufrichtiger Liebe getragen wird? Ganz einfach: Wenn sich eine Frau nicht spürbar zu ihrem Mann hingezogen fühlt – wenn sie nicht sicher ist, daß er sie auch als Mensch achtet und respektiert –, ist sie möglicherweise unfähig, eine sexuelle Begegnung mit ihm zu genießen. Ein Mann kann schlechtgelaunt von der Arbeit nach Hause kommen, den Feierabend mit rauchendem Kopf an seinem Schreibtisch oder in der Garage verbringen, schweigend die Elf-Uhr-Nachrichten im Fernsehen verkonsumieren und anschließend einem kleinen Schäferstündchen durchaus nicht abgeneigt sein. Die Tatsache, daß er den geschlagenen Abend keinen zärtlichen Austausch mit seiner Frau hatte, beeinträchtigt sein sexuelles Verlangen nur unwesentlich. Er sieht sie im Schlafzimmer in ihrem durchsichtigen Nachthemd, und das allein genügt schon, um ihn »in Gang zu bringen«. Seine Frau indes läßt sich nicht so ohne weiteres in Stimmung versetzen. Sie wartet den ganzen Tag auf ihn, und wenn er sie beim Heimkommen nur mit einem flüchtigen Gruß abspeist, steigt in ihr ein Gefühl der Enttäuschung und der Zurücksetzung auf. Seine anhaltende Reserve und Selbstbeschäftigung hat ihrem Verlangen einen Riegel vorgeschoben. Es kann also passieren, daß sie es später im Bett nicht fertigbringt, auf ihn einzugehen. Lassen Sie mich noch deutlicher werden: Wenn eine Frau ohne das romantische Gefühl der Verbundenheit mit einem Mann ins Bett geht, kommt sie sich wie eine Prostituierte vor. Statt sich einem für beide Seiten aufregenden Austausch von Liebe und Zärtlichkeit hinzugeben, fühlt sie sich ›benutzt‹.[3]

Sie fühlt sich also wie eine Prostituierte! Was soll der »arme Mann« da tun?

 ## *Bibelstudium*

Lesen Sie laut Epheser 5,33a und 1. Petrus 3,7. Was wird geschehen, wenn ein Mann auf seine Frau keine Rücksicht nimmt (1. Petrus 3,7b)? Das Nachstehende zeigt Ihnen, wie Sie diese Verse auf Ihre Ehe anwenden können.

Dobson sagt, eine Frau müsse eine gewisse Nähe zu ihrem Mann verspüren, sonst fühle sie sich bei der geschlechtlichen Vereinigung ausgenutzt. Diese gewisse Nähe, Vertrautheit oder *Intimität* ist für das Eheglück einer Frau absolut notwendig, und zwar besonders für ihre Fähigkeit, sich voller Freude der sexuellen Vereinigung mit ihrem Mann hinzugeben.

Sieben Geheimnisse ehelicher Vertrautheit

Wir wollen den Begriff »Intimität« definieren, indem wir über mehrere Faktoren sprechen, die dazu beitragen können. Unter jedem Punkt werde ich eine Möglichkeit nennen, die Donna und ich erprobt haben. Sie können dann überlegen, was für Sie richtig wäre!

Ein Wort an die Ehemänner: Ein Gefühl der Intimität pflegen läßt sich nicht auf eine Formel reduzieren. Es handelt sich weder darum, daß ich eine einzelne Sache, noch eine Serie von Dingen unternehme, durch die meine Frau sich mit mir engverbunden oder intim fühlt. Vielmehr durchdringt eine Atmosphäre fürsorgender Liebe unsere gesamte Beziehung (oder sollte es wenigstens!). Ich lerne dabei, auf vielerlei Art und Weise »Ich liebe dich« zu sagen, damit sie es auf jeder Ebene ihres Daseins vernimmt.

Die Geheimnisse ehelicher Vertrautheit lassen sich *lernen*. Das weiß ich, weil ich selbst sie lernen mußte. Von Natur aus bin ich ein typischer ungehobelter Klotz. Ich habe weder einen sechsten Sinn noch die Antenne, um auf die Bedürfnisse einer Frau eingestimmt zu sein. Im Lauf der Jahre aber, als ich es lernte, mich auf den Geist Gottes zu verlassen, und als meine Frau es lernte, ihre Bedürfnisse zu äußern, habe ich einige Einblicke gewonnen. Trotzdem bin ich immer noch am Lernen!

Ein Wort an die Ehefrauen: Dieser Teil sieht vielleicht aus wie eine doppelläufige Schrotflinte, die auf Ihren Ehemann abzielt. Aber werden Sie nur nicht schießwütig! Sie haben die Wahl: Entweder können Sie ihn kritisieren wegen all der Dinge, die er unterlassen hat, oder Sie können ihn loben für alles, was er bereits unternommen hat, um für Sie ein Klima der Intimität zu schaffen. Falls Sie gerade zusammen auf einem Eheausflug sind, hat Ihr Mann bereits große Schritte in die rechte Richtung unternommen! Schießen Sie ihn nicht mit seinen Fehlern ab! Überlegen Sie sich statt dessen, wie Sie ihn mit positiven Vorschlägen in sanftem Geist ermutigen können.

Hier sind sieben Gedanken, die Sie, liebe Ehemänner, auf den Weg zur Vertrautheit bringen können, auf die Ihre Frau so sehnsüchtig wartet. Wenn Sie beide zusammen überlegen, werden Sie wahrscheinlich siebenundsiebzig weitere Ideen finden!

(Schreiben Sie in jeder Austauschphase Ihre Gedanken in Ihren Gesprächsordner.)

1. Seien Sie ein »Romeo«.

Die meisten Frauen sind unheilbare Romantiker. Die »Romeorolle« liegt Ihnen nicht? Wen kümmert das schon! Ihre Frau wird sich so darüber freuen, daß es ihr gar nichts ausmacht, ob Sie sich dabei ein bißchen albern vorkommen! Sagen Sie ihr, daß Sie sie lieben ... Rufen Sie sie von der Arbeit aus an, nur um ihr zu sagen, daß Sie sie vermissen ... Überraschen Sie sie mit Blumen ... Legen Sie eine Liebeserklärung unter ihr Kissen ... Gehen Sie mit ihr ins Theater und halten Sie ihre Hand ... Entführen Sie sie in ein Hotel ... – Jede Idee, wodurch Sie in ihren Alltag etwas Romantik bringen können, wird großen Lohn bringen.

Beispiele aus unserer Ehe
- Bei einer Gelegenheit überraschte ich Donna damit, daß ich ihr feine Damenunterwäsche schenkte.
- Ich sage meiner Frau viele Male am Tag, daß ich sie liebe. Sie bestätigt, daß dies richtig ist.

Was Sie tun können
Ehemann: »Wie könnte ich dir etwas mehr romantische Liebe beweisen? Was sagt dir am deutlichsten ›Ich liebe dich‹?«
Ehefrau: »In welcher Weise hindere ich dich daran, ein Romeo zu sein (durch Nörgeln, indem ich dich nicht aufbaue usw.)?«

2. Holen Sie Ihre Frau aus dem Alltag heraus.

Ich hoffe, keiner der Ehemänner denkt, die Mutter seiner Kinder habe leichte Arbeit! Sie bleibe ja bei den Kindern zu Hause, während er mit dem Schwert seinen Weg durch den täglichen Bürokrieg erkämpfen muß. Falls ein solcher Ehemann existiert, wünsche ich ihm von Herzen, daß seine Frau nur einmal für kurze Zeit dienstunfähig wäre, damit er die Heimatfront für eine Weile übernehmen müßte!

Mütter – besonders solche mit Vorschulkindern, von denen wir zwei haben – brauchen jede Woche unbedingt eine Atempause. Hat die Mutter dazu noch eine vollzeitliche Arbeitsstelle außer Haus, könnte selbst »Superfrau« ihre Arbeitsbeschreibung nicht erfüllen.

Ununterbrochener Kontakt mit unseren beiden Hemdenmätzchen über eine längere Zeitspanne hat Donna zuweilen bereits an den Rand eines Nervenzusammenbruchs gebracht. Dazu haben wir noch einen Teenager. Donna braucht unbedingt Zeit für sich! Das ist kein Luxus, sondern absolute Notwendigkeit.

Beispiele aus unserer Ehe

– Wir haben in der Nachbarschaft verläßliche Teenager gefunden und sie im Umgang mit unseren Kindern »geschult«. Jetzt kann Donna für gewöhnlich kurzfristig einen Babysitter bekommen.

– Ich bestehe darauf, daß Donna sich (wenigstens teilweise) einen Tag in der Woche frei nimmt. Ich bezahle auch die dafür nötige Haushaltshilfe.

– Alle sechs Monate »entführe« ich Donna auf ein Eheausflugswochenende!

Was Sie tun können

Ehefrau: »Wenn ich die ganze Woche über mit meinen Kindern eingesperrt bin, fühle ich mich wie . . .« (Beschreiben Sie Ihre Gefühle.)

Ehemann: »Wie könnte ich dir am besten helfen, wenigstens einmal in der Woche dem »Trott« zu entfliehen?«

3. Geben Sie einem gemeinsamen Interesse hohe Priorität

Ein Mann kommt erschöpft von der Arbeit nach Hause. Er schaltet den Fernseher und seinen Gedankengang auf »neutral« ein, um sich von der Hetze und Hektik des Tages zu erholen. Oder aber er verschwindet in seiner Hobbywerkstatt. Es ist nicht verkehrt, wenn ein Mann sich ab und zu vor dem Fernsehgerät oder bei einem Hobby entspannt. Wenn Ihre Entspannung aber jeden Abend ein paar Stunden in Anspruch nimmt und dabei kein Austausch mit Frau und Kindern stattfindet, sollten Sie das Ganze neu überdenken.

Sie könnten etwas von gemeinsamem Interesse an die Stelle setzen. Hören Sie sich zusammen eine christliche Botschaft oder christliche Musik an ... Lesen Sie sich etwas vor ... Gehen Sie spazieren ... Besuchen Sie einen Volkstanz- oder Keramikkurs ... Ihrer Vorstellungskraft sind keine Grenzen gesetzt! Ob Sie es glauben oder nicht – diese gemeinsamen Unternehmungen beeinflussen das Gefühl der Vertrautheit Ihrer Frau und somit auch ihre sexuelle Reaktion.

Beispiele aus unserer Ehe
- Auf einer Reise nach England trafen wir den Tierarzt und Autor James Herriot und haben seither einige humorvolle Abende beim gemeinsamen Vorlesen eines seiner Bücher erlebt.
- Wir versuchen eisern, einige Abende pro Woche zusammen zu joggen. Wegen unserer Kleinen und meiner Reisetermine ist dies jedoch noch ein »Pilotprojekt«.

Was Sie tun können
»Welche gemeinsamen Interessen sollten wir entwickeln. Wann und wie könnten wir sie in die Tat umsetzen?«

4. Schließen Sie Ihre Frau in Ihrem Denken und Planen mit ein.

Ich bin immer noch dabei, dies zu lernen. In der Tat, gerade heute ärgerte Donna sich über mich, weil ich beschlossen hatte (natürlich aus logischen und praktischen Gründen), daß ich dieses Frühjahr eine zweiwöchige Reise nach Übersee unternehmen sollte. Sie hätte es sehr geschätzt, beim Entscheidungsprozeß mitgewirkt zu haben, anstatt hinterher vor vollendete Tatsachen gestellt zu werden. (Meine Verteidigung: »Aber ich habe ja mein Flugticket noch nicht gekauft!« war zugegebenermaßen schwach.)

Können Sie Ihrer Frau nicht mehr über die Vorgänge im Büro mitteilen? Weiß sie, was Sie für Zukunftspläne in Ihrem Beruf haben? ... wie Ihre Beziehung zu Ihrem Vorgesetzten aussieht? ... was Sie für den nächsten Urlaub planen? ... was für ein Auto Sie als nächstes kaufen wollen?

Beispiele aus unserer Ehe
– Ich lerne, mehr Einzelheiten meiner Reiseerlebnisse zu berichten. Donna lernt wiederum, mir die richtigen Fragen zu stellen, um sich bei mir Auskunft zu holen.

Was Sie tun können
Ehemann: »In welchem der folgenden Bereiche würdest du gern mehr in mein Denken und Planen einbezogen sein?
– Einzelheiten über meinen Arbeitstag
– meine Zukunft
– geplante Anschaffungen
– Geschäftsreisen
– Familienferien
– Beziehungen zu Verwandten
– Beziehungen zu Mitarbeitern und Freunden

Ehefrau: »Hilf mir zu überlegen, wann und wie ich dir die Fragen stellen könnte, um auf dem Laufenden zu sein.«

5. Zeigen Sie Ihrer Frau, daß Sie sie annehmen

Nichts dämpft die sexuelle Reaktionen einer Frau so sehr wie negative Selbstwertgefühle. Und einige dieser negativen Gefühle werden unwissentlich von uns Ehemännern verursacht. Leider sieht der Ehemann oft keinen Zusammenhang zwischen seiner 18-Uhr-Frage: »Wann wurde dieser Teppich das letzte Mal gesaugt?« und der 22-Uhr-Feststellung seiner Frau: »Ich fühle mich heute abend nicht danach.«
Loben Sie die Kochkunst Ihrer Frau? ... ihre Hausarbeit? ... ihre Fürsorge als Mutter. Machen Sie ihr Komplimente in bezug auf ihre Figur? ... ihren Geschmack in der Kleiderwahl? ... ihre Fraulichkeit? Sagen Sie Ihr, daß Sie sie sexuell attraktiv finden? Diese Dinge werden mit jedem Jahr sogar noch wichtiger für sie!

- Ich lerne es, immer weniger »gut gemeinte« Kommentare über Donnas Kochen abzugeben.
- Ich sage ihr häufig, wie attraktiv ich sie finde.

Was Sie tun können
Ehemann: »Spürst du auf irgendeinem Gebiet einen Kritikgeist in mir?« »In welchem Bereich brauchst du gerade jetzt meine Anerkennung und Annahme?«

6. Übernehmen Sie die geistliche Initiative.
Nach mehreren Jahren der Seelsorge an gläubigen Ehepaaren habe ich festgestellt, daß dies ein Bereich der größten Enttäuschung für gläubige Ehefrauen ist: Ihr Mann ist einfach nicht das »geistliche« Haupt, das sie zu heiraten gemeint hatte.

Wenn wir Männer den Begriff »geistliches Oberhaupt« nur hören, bekommen wir meistens ein Gefühl, als schnürte sich unsere Kehle zu. Was immer es auch bedeutet: Ich weiß, daß ich es nicht bin! Um ein »geistliches Oberhaupt« sein zu können, brauche ich den Glauben eines Georg Müller, das Charisma eines Billy Graham und die Lehrgabe eines Augustinus, stimmt's?

Es stimmt nicht! Schauen Sie sich noch einmal die Überschrift an: *Übernehmen Sie die geistliche Initiative*. Davon würden unsere Frauen gern mehr sehen – daß ihre *Männer* es sind, die ab und zu z. B. vorschlagen: »Laß uns gemeinsam die Bibel lesen« oder »Warum machen wir nicht gerade jetzt eine Pause und beten für diese Sache?« (Dieses Thema wird ausführlicher in Kapitel 7 erörtert.)

Glauben Sie, daß Ihre Frau auch sexuell ansprechbarer sein wird, wenn Sie mehr geistliche Initiative zeigen? Es ist tatsächlich so!

Beispiele aus unserer Ehe
- Vor dem Schlafengehen beginne ich oft eine Gebetszeit, in der wie die Nöte und Probleme des Tages dem Herrn hinlegen.
- Ich versuche daran zu denken, nach dem Abendessen, wenn die Familie noch beisammensitzt, aus einem Andachtsbuch vorzulesen.

Was Sie tun können

Ehemann:»Überlegen wir uns doch, in welcher Weise ich mehr geistliche Initiative zeigen könnte.«(Beachten Sie: Es ist besser, eine einzige gute Idee durchzuführen, als zehn zu haben und sie nicht verwirklichen zu können.) »Würdest du mich liebevoll daran erinnern, wenn ich vergessen sollte, unsere Vereinbarungen in die Tat umzusetzen?«

7. Treffen Sie Vorkehrungen.

Ein Mann kann fast augenblicklich bereit sein, mit seiner Frau Geschlechtsverkehr zu haben; Frauen hingegen brauchen mehr Vorbereitungszeit – geistig wie gefühlsmäßig – für den Geschlechtsverkehr. Dr. Dobson weist auf das Dilemma der Hausfrau hin:»Eine liebende Ehefrau, die gewissenhaft ihren Haushalt versieht und für die Bedürfnisse ihrer Familie sorgt, wird sich schwer in die Rolle der verführerischen Geliebten versetzen können, die ihren Mann ins Schlafzimmer lockt.«[4]

Ein Ehemann kann hier viel beitragen, wenn er an dem Tag, an dem er mit seiner Frau gern Geschlechtsverkehr hätte, schon einiges im voraus plant. Durch seine Hilfe beim Versorgen der Kinder und beim Abwasch kann er ihr eine wohlverdiente Erholungspause verschaffen. Das gibt ihr Zeit, sich innerlich von ihrer Rolle als Hausfrau und Mutter auf die der Geliebten umzustellen. Schlafen die Kinder, geht er nicht gleich zu Bett, sondern bereitet weiter die richtige Atmosphäre vor, und zwar mit Entspannung bei zärtlicher Kommunikation. Denken Sie daran, daß Frauen durch *Worte* stimuliert werden. (s. Schema auf Seite 104).

In diesem Zusammenhang möchte ich erwähnen, daß sich Frauen regelmäßig ärztlichen Untersuchungen unterziehen sollten. Übermäßige Müdigkeit könnte andere Ursachen haben als der Energieverbrauch bei den Mutterpflichten, obwohl dieser schon groß genug ist. Ehemänner sollten bei ihren Frauen auf regelmäßige gründliche Untersuchungen, einschließlich Blutzuckertests, achten.

Beispiele aus unserer Ehe
   – An bestimmten Abenden zieht sich Donna gleich nach dem Abendessen ins Schlafzimmer zurück. Ich besorge den Ab-

wasch und bringe die Kinder zu Bett, während sie sich entspannt, liest oder ein Nickerchen macht.

– Wir haben sogenannte »Plauschelzeiten« eingerichtet (»plauscheln« = plaudern + kuscheln), in denen wir zärtlich zueinander sind, uns unterhalten, entspannen und gemeinsam »einen anderen Gang« einschalten.

Was Sie tun können
»Wir wollen einmal zusammen überlegen, wie wir bessere Vorkehrungen für unsere intimen Rendezvous treffen können. Sollten wir Veränderungen vornehmen
– in der Atmosphäre unseres Schlafzimmers?
– im allgemeinen Tagesablauf?
– in unserer Routine an bestimmten Abenden?«

 ## Bestätigung

Ehefrau: »Ich schätze deine Anstrengungen, mich und mein Bedürfnis an Intimität zu verstehen. Ich möchte meine Nöte in einer ermutigenden und hilfreichen Weise zum Ausdruck bringen.«

Ehemann: »*Du bedeutest mir sehr viel als Frau.* Deine weibliche Sexualität ist für mich überaus attraktiv. Ich vertraue darauf, daß Gott mir hilft, mit mehr Einfühlungsvermögen intim zu sein, so daß es für dich sinnvoll und erfüllend ist.«

 ## Gebet

Ehemann: »Herr, hilf mir, langsamer vorzugehen. Mein Verlangen ist manchmal so stark, daß ich vergesse, rücksichtsvoll und zärtlich zu sein. Hilf mir, daran zu denken, eine Sphäre der Vertrautheit für meine Frau zu schaffen, damit sie sich wirklich in meiner Liebe geborgen fühlt . . .«

Der größte Fan Ihres Ehemannes

Es wäre nicht fair, den Ehemann zu kritisieren, ohne auch die Kehrseite zu erwähnen. In ihrem Buch »Creative Counterpart« (Kreativer Gegenpol) betrachtet Linda Dillow die Frau als »größten Fan« ihres Mannes. Sie schreibt:»Psychiater sagen, die größten Grundbedürfnisse eines Mannes, abgesehen von warmer sexueller Liebe, sind Anerkennung und Bewunderung.«[5]

 Bibelstudium

Lesen Sie Epheser 5,33b. Im Wörterbuch (Wahrig) stehen unter dem Stichwort »Ehrfurcht« folgende Begriffe: tiefe Achtung, heiliger Respekt.
Ehefrau: »Was hat dieser Vers mir als dem »größten Fan meines Mannes« zu sagen? Respektiere ich ihn wirklich, wenn ich meiner Bewunderung nicht auch mit Worten Ausdruck verleihe?«

 Austausch

Ehefrau: »Habe ich dich irgendwie geringschätzig behandelt, so daß du meinst, ich respektiere dich nicht?« »In welchen Bereichen würdest du gern mehr Bewunderung und Anerkennung von mir bekommen?«

 Bestätigung

Ehefrau: »Ich schätze und bewundere dich besonders im Hinblick auf . . .«

 Gebet

Ehefrau: »Herr, öffne mir die Augen, damit ich mehr und mehr die wirklich feinen Wesensmerkmale dieses Mannes, den du mir gegeben hast, erkennen kann. Bewahre meine Zunge, daß meine manchmal kritischen Gedanken nicht so oft über meine Lippen kommen. Erinnere mich täglich daran, ihn zu loben und zu bewundern . . .«

Die Sahne und der Kuchen

Bis zu diesem Punkt haben wir uns mit Einstellungen und Einflüssen beschäftigt, die sich auf die sexuelle Beziehung auswirken. Wir haben gesehen, wie eine Atmosphäre der Vertrautheit eine Ehefrau sexuell ansprechbarer macht.

Ich sagte, für die Frau sei die körperliche Vereinigung lediglich die Sahne zum Kuchen. Für uns Männer hingegen ist der Akt nicht nur die Sahne – er ist der Kuchen selbst! Es ist wichtig für die Frauen, dies bei ihren Männern als normal und richtig anzusehen. Ein stark ausgeprägter Geschlechtstrieb muß nicht im Widerspruch zu geistlicher Reife stehen.

Wenn die sexuellen Bedürfnisse eines gläubigen Mannes nicht erfüllt werden, könnte er in starke Versuchung geraten, sich auf andere Art zu befriedigen. Somit hilft die Frau ihrem Mann in seinem Leben, wenn sie seinen biologischen Bedürfnissen entgegenkommt.

Mit diesem Gedanken wollen wir nun auf die körperliche Vereinigung der Ehepartner zu sprechen kommen.

 Bibelstudium

Lesen Sie 1. Mose 2,18–25 und 1. Mose 1,27–28 und 31. Beachten Sie besonders die Aussagen »sie werden zu einem Fleisch werden« und »es war sehr gut«. Wer plante die körperliche Vereinigung von Mann und Frau? Was war seine Meinung darüber? Stehen diese Stellen vor oder nach dem Sündenfall? Lesen Sie Sprüche 5,15–19. (Lesen Sie das ganze Kapitel, um sich eine Übersicht zu verschaffen). Welches sind die Schlüsselwörter in den Versen 18 und 19? Was sagen sie uns über Gottes Gedanken in bezug auf die körperliche Liebe zwischen den Ehepartnern?

Ich hoffe, diese biblischen Betrachtungen haben Sie davon überzeugt, daß Gott die sexuelle Vereinigung zwischen Mann und Frau als ein angenehmes, sinnvolles Erleben gedacht hat – daß es also nicht nur etwas war, das nach dem Sündenfall hinzugefügt wurde, um mit der sexuellen Lust fertig zu werden. Wenn Sie noch nicht ganz überzeugt sind, schlagen Sie doch bitte das Hohelied Salomos auf. Dieses Buch beschreibt die intime Beziehung Salomos zu seiner Braut. Lautes Vorlesen des Hohenliedes eignet sich sehr gut zur Vorbereitung für die sexuelle Vereinigung. »Das Hohelied Salomos feiert die berauschende Freude der sexuellen Aktivität zweier Menschen, die in liebevoller Hingabe miteinander vereint sind«, schreibt Lawrence C. Crabb. »Die beiden Körper, die sich hier vereinen, sind die Behausungen zweier Menschen, die bereits zusammengehören.«[6]

Ein Fleisch werden

»Ein Fleisch zu werden« betrifft die ganze Bandbreite der Beziehungen zwischen Mann und Frau. Manchmal brauchen jedoch Ehepartner, die sich sonst innerlich nahestehen, Hilfe in ihrer körperlichen Beziehung. Ein Verständnis der Gründe für mögliche geschlechtliche Unzufriedenheit kann hier von Nutzen für sie sein.

Die folgenden Fragen sind dazu gedacht, in Ihrer sexuellen Beziehung Schwachstellen aufdecken zu helfen. Bevor Sie damit anfangen, beachten Sie zwei Regeln:
1. Seien Sie ehrlich, aber auch so feinfühlig wie möglich.
2. Vertrauen Sie auf die Ehrlichkeit Ihres Partners. Legen Sie das, was Sie hören, nicht aus, als bedeute es: »Ich bin kein guter Liebhaber, ich habe versagt.«

Selbst wenn Sie sich an diese Regeln halten, kann es passieren, daß Sie sich gegenseitig beim Ringen um dieses heikle Thema tief verletzen. Es wäre gut, wenn Sie sich in Kapitel 8 noch einmal den Abschnitt »Sich streiten und vergeben« anschauten, um eine vergebende Einstellung zu wahren.

(Haben Sie daran gedacht, ein oder zwei der empfohlenen Bücher über das Thema Sexualität mitzubringen? Die Fragen sind dazu gedacht, auf Schwachstellen hinzuweisen. Aber Sie werden auch das eine oder andere in einem Fachbuch nachschlagen wollen, um Lösungen zu finden.)

Austausch

1. *Quiz:* Jeder nimmt ein Blatt Papier und ergänzt folgende Sätze. Teilen Sie einander die Antworten mit.
   - »Gegenwärtig gefällt mir an unserer sexuellen Beziehung am besten, . . .«
   - »Was mir an unserer gegenwärtigen sexuellen Beziehung am wenigsten gefällt, ist . . .«
2. Hier sind einige mögliche Gründe für sexuelle Unzufriedenheit. »Welche treffen bei uns zu?«
   a) Uneinigkeit über Häufigkeit
   b) Schwangerschaft oder Neugeborenes
   c) Krankheit oder Müdigkeit
   d) Arbeitsstreß und Ablenkungen
   e) Unfähigkeit, über das Thema miteinander zu reden
   f) Persönliche Schwierigkeiten
   g) Zu früher Samenerguß des Mannes
   h) Ausbleiben des Orgasmus bei der Frau
   i) Schmerzen beim Geschlechtsverkehr
   j) Sonstige Gründe:
3. Entscheiden Sie, welche der obigen Gründe (ein bis zwei) am vorrangigsten sind. Lesen Sie unter diesen Stichworten nach, was Sie in den mitgebrachten Büchern finden können. Lesen Sie die entsprechenden Stellen laut vor und besprechen Sie, wie Sie mit den Situationen, die sich am negativsten auf Ihre sexuelle Beziehung auswirken, fertig werden können.
4. Jeder schreibt die Ergänzungen zu folgenden Aussagen auf und tauscht sich darüber mit dem Partner aus. Versuchen Sie bei Ihrem Gespräch, positive Vorschläge zu machen.
   »Ich habe das Gefühl, ich hätte mehr Freude an unserer sexuellen Beziehung, wenn du . . .«
   a) mehr auf mich eingehen würdest;
   b) öfter die Initiative ergreifen würdest;
   c) dich anders anziehen würdest;
   d) mehr auf Sauberkeit achten würdest;
   e) dir mehr Zeit nehmen würdest;
   f) mehr auf die Atmosphäre in unserem Schlafzimmer achten würdest (indirekte Beleuchtung, verschlossene Türen usw.);

g) mich wissen ließest, daß du mich begehrst;

h) lernen würdest, was mir gefällt;

i) bei unserem Liebesspiel kreativer wärest;

j) bei unserem Vorspiel zärtlicher wärest;

k) nicht einen so hohen Maßstab an »Leistung« von mir verlangen würdest;

l) Sonstiges:

 ## *Bestätigung*

»Ich bin dankbar dafür, wie wir körperlich aneinander Freude haben können. Ich fühle mich dir besonders nahe, wenn . . .«

»Ich freue mich schon darauf, in unserer Beziehung auch durch die sexuelle Vereinigung mehr und mehr ›ein Fleisch‹ zu werden.«

 ## *Gebet*

»Herr, unsere sexuelle Beziehung ist alles andere als vollkommen. Laß uns frei sein von den Vorstellungen der Welt, damit wir voneinander keine Perfektion erwarten. Hilf uns zu wissen, was wir zu dieser Zeit akzeptieren sollten und worin wir dir vertrauen sollten, daß du es besser werden läßt. Wir legen unsere körperliche Beziehung ganz in deine Hände. Habe Dank, daß wir offen darüber reden dürfen . . .«

 ## *Praktische Anwendung*

»Wir wollen unser Gespräch überdenken und uns ein einfaches Ziel setzen. (Z. B.: »Im Bereich der sexuellen Intimität wollen wir beide eine vom Partner erbetene Änderung vornehmen.«) (Schreiben Sie hier Ihre Zielsetzung auf, die Sie von Zeit zu Zeit überprüfen.)

10 Die Kunst, den Garten anzulegen

Nach Prioritäten leben lernen

Als wir uns zum ersten Mal an einem Gemüsegarten versuchten, aßen die Schnecken mehr Salat als wir. Unsere Nachbarin erzählte uns hinterher, als sie unsere zerstörte Ernte überblickte, daß wir einen Ring von Zwiebeln um das Salatbeet hätten pflanzen sollen. Schnecken mögen keine Zwiebeln, sagte sie, und so wäre unser Salat verschont geblieben.

Weil wir nicht geplant hatten, brachte eine Menge harter Arbeit nur eine karge Ernte ein. Passiert Ihnen so etwas auch?

Viele von uns können sich gut mit dem Piloten identifizieren, der über Lautsprecher bekanntgab: »Ich habe gute Nachrichten und schlechte. Die schlechte Nachricht lautet: Im Gewitter sind alle unsere Instrumente ausgefallen, und wir haben keine Ahnung, wo wir uns befinden. Die gute Nachricht ist, daß wir Rückenwind haben und gut vorankommen!«

Es ist leicht, nicht wahr, »gut voranzukommen« auf unserer Reise nach – ja, wohin? Als Christen sind wir uns unseres letzten Zieles bewußt: Wir werden die Ewigkeit in der herrlichen Gegenwart unseres Herrn zubringen. Aber bedeutet dies auch, daß wir die Richtung unseres Lebens auf Erden wissen? Nicht unbedingt.

Wer bin ich? Warum bin ich hier? Wohin gehe ich? Viele Nichtchristen stellen diese Frage. Vielleicht sollten wir als Christen sie uns auch stellen, nur auf einer tieferen Ebene.

»Warum weiter fragen, wenn ich die Antwort weiß?«

»Ich weiß, woher ich gekommen bin und wohin ich gehe«, sagt Jesus in Johannes 8,14. Er war sich seines Lebenssinnes – und Zieles sehr bewußt. Als Jesus das Ende seines Lebens erreicht hatte, konnte er seinem Vater sagen, daß er die ihm übertragene Aufgabe erfüllt habe (Johannes 17,4). Wie wußte der Herr, daß er sein Lebenswerk vollendet hatte? Er hatte ein klares Bild davon gehabt. Und er erfüllte seinen Daseinszweck, indem er nach seinen *Prioritäten* lebte, und zwar mit den Werten, von denen er wußte, daß sie wichtig waren. Muß jeder ein so klares Bild vom eigenen Lebenssinn haben? Das wäre gar nicht nötig, wenn es uns in der Hauptsache nur ums Überleben ginge. Wir könnten unser Leben einfach von der Arbeit zum Fernsehgerät, zu einigen Stunden in der Gemeinde in der Woche dahintreiben lassen. Gott aber hat vor, sich an uns auf ganz bestimmte Weise durch die Zeit und die Talente, die er uns geschenkt hat, zu verherrlichen. Zielloses Dahintreiben ist keine lebensfähige Alternative für uns, die wir zu Gottes Familie gehören.

Dies ist nichts für mich

»Ein Leben nach Prioritäten paßt nicht zu mir«, argumentieren einige, »das geht bei mir einfach nicht.« Auch Donna und ich tun das nicht andauernd. Ich kenne viele Christen, die dasselbe sagen; dennoch haben sie sich ein Grundwissen darüber verschafft, wie man im Leben Prioritäten setzt. Sie strukturieren zwar nicht jedes einzelne Teilchen ihrer Existenz, aber sie haben eine Vorstellung von ihrem Lebensziel und wie sie dahin gelangen können. Wenn sie sich Ziele setzen, wissen sie auch, wie diese Ziele in ihrem Leben zu erreichen sind.

Nehmen wir z. B. Dieter. Er gibt selbst zu, daß ihm ein Leben nach Zielsetzungen nicht liegt. Nachdem er jedoch einige Grundsätze gelernt hatte, stellte er zum ersten Mal ein Familienbudget auf und hielt sich daran. Der Finanzplan ist jetzt zur Gewohnheit geworden, und die Familie macht damit gute Erfahrungen.

Die meisten von uns sind keine zielorientierten Dynamos. Selbst wenn wir es wären, müßten wir sicher noch lernen, nicht nur das Geschäftliche nach Prioritäten zu regeln, sondern auch unsere Familie und die persönliche Einflußsphäre.

»Warum denn planen, wenn der Geist führt?«

Einige sagen: »Ich plane nie, ich lasse den Herrn führen!« Trotzdem können Zielsetzungen dem Wirken des Heiligen Geistes in unserem Leben förderlich sein. Ein Ziel ist einfach eine Entscheidung, und zwar eine *Vorentscheidung*, bei der unsere Herzen still und aufmerksam auf den Geist Gottes hören sollten. Es ist eine Entscheidung, die wir treffen, ehe wir unter Druck und in Versuchungen kommen, ehe wir emotional in etwas verwickelt werden, ehe wir müde und impulsiv werden.

»Befiehl dem Herrn deine Werke, so wird dein Vorhaben gelingen« (Sprüche 16,3). »Des Menschen Herz erdenkt sich seinen Weg, aber der Herr lenkt seinen Schritt« (Sprüche 16,9).

Diese Verse zeigen uns beide Seiten der Münze. Es ist keine Lösung, das Planen zu verwerfen, sondern darauf zu achten, es dem Herrn anzubefehlen. Es ist verkehrt anzunehmen, der Heilige Geist führe immer nur »spontan« – es sei denn, wir revidieren unser Verständnis von »Spontaneität«. Der Eiskunstläufer, dessen Kür am spontansten zu sein scheint, ist derselbe, der täglich stundenlang trainiert hat. Ein Christ, der spontan Menschen zu Christus führt, ist meistens derjenige, der sich dafür schulen und vorbereiten läßt.

Anstatt den gesamten Bereich, in dem es um Prioritäten, Zielsetzung und Planung geht, auszuklammern, sollten wir uns einfach vor Augen halten, daß der Heilige Geist unser »Management-Berater« ist. Wir müssen darauf achten, von Anfang bis Ende des Planungsvorgangs auf seine Anweisungen zu hören. Darin liegt die Ausgewogenheit.

Wie leben wir mit unseren Prioritäten?

Wie können wir unsere Prioritäten erkennen, danach leben und dennoch dabei die eigene Persönlichkeit nicht verleugnen? Ich habe den Vorgang in drei Teile aufgegliedert:

1. Lebensprioritäten setzen
2. Ziele setzen
3. Planen

Als erstes sollten Sie und Ihr Ehepartner einmal feststellen, wohin Ihr Lebensweg führen soll. Damit stehen Ihre *Lebensprioritäten* fest. Diese bilden den Rahmen, in den das gesamte Lebensbild hineingehört. Als nächstes betrachten Sie Ihre von Gott gegebenen Talente und geistlichen Gaben sowie Ihre persönlichen Hoffnungen und Wünsche. Entscheiden Sie, was damit in den nächsten Monaten und Jahren geschehen soll. Solche Entscheidungen nennt man *Zielsetzungen*.

Es ist wichtig, nicht nur über Ziele nachzudenken, sondern sie auch aufzuschreiben. Eine Studie der Harvard Business School zeigte eine direkte Beziehung zwischen der Einkommenshöhe der befragten Personen und der Tatsache, ob sie spezifische, schriftlich festgehaltene Lebensziele gesetzt hatten oder nicht. Alle, die ihre Ziele schwarz auf weiß hatten, gaben ein bedeutend höheres Einkommen an als die anderen, die ihre Ziele nur gedanklich formuliert hatten. Viel wichtiger als ein finanzieller Nutzen aus der schriftlichen Zielsetzung sind natürlich die persönlichen und geistlichen Segnungen für Sie selbst und für das Reich Gottes!

Nachdem Sie einige Ziele gesetzt und schriftlich festgehalten haben, kommt ein dritter Schritt hinzu: Untersuchen Sie die Beziehung zwischen Ursache und Wirkung, indem Sie sich Gedanken über Ihren gegenwärtigen Lebensstil machen und wie Sie Ihre Ziele erreichen wollen. Dieser Vorgang heißt *Planung*; mit anderen Worten: Änderungen in der Gegenwart als Anpassung auf das, was Sie sich von der Zukunft erhoffen.

Kommen wir miteinander ins Gespräch

 ## *Austausch*

Quiz: Jeder schreibt auf einem Blatt vor die folgenden Wörter den dazugehörigen Buchstaben der jeweiligen Definition. Sieger ist derjenige, der die Antworten nicht erst im Kapitel nachschlagen muß!

Wörter:
1. _____ Ziel
2. _____ Zielsetzung
3. _____ Planung
4. _____ Prioritäten
5. _____ der Heilige Geist

Definitionen:

a) Entscheiden, was Sie in den nächsten Monaten und Jahren erreichen wollen

b) Ihr »Management-Berater« von Gott

c) Werte, die Sie für wichtig achten

d) Anpassung der Gegenwart an das, was Sie von der Zukunft erwarten

e) Eine Vorentscheidung

Seifenblasen oder Gottes Pläne?

Wenn Sie mit Ihrem eigenen Planungsprozeß anfangen, werden Sie wahrscheinlich einige weithergeholte Pläne haben, deren
Erfüllung Ihnen unmöglich erscheint. Sie werden auch solche aufschreiben, die Ihnen vernünftig vorkommen. Sollten Sie nun die anscheinend unerreichbaren streichen und sich nur an die Ziele halten, die Sie mit ziemlicher Sicherheit auch erreichen können? Ehe
Sie das tun, beachten Sie dies: »Ohne Glauben ist's unmöglich, Gott
zu gefallen« (Hebräer 11,6).

Einige Ihrer kühnsten Ideen sind vielleicht Funken neuer Überzeugungen, die der Herr in Ihnen entfachen will! Es kann sein, daß
er in Ihrem Herzen den Samen von Plänen ausstreut, die Sie unmöglich selbst ausführen können, die er aber zu seiner Verherrlichung
durch Sie ausführen will.

Wir konnten dies in unserem eigenen Leben erfahren, kurz
nachdem wir in die Bundesrepublik umgezogen waren. Jede
Menge Nachbarskinder waren von unseren amerikanischen Kindern fasziniert und kamen ständig in unser Haus. Wir hatten keine
Ahnung von Kinderevangelisation und wollten uns auch nicht auf
diesem Gebiet engagieren. Aber der Herr fing an, uns die Überzeugung ins Herz zu legen, daß wir diese Kinder mit dem Evangelium
erreichen sollten. Durch eine Reihe von Glaubensschritten, die unseren geistlichen Horizont ziemlich erweiterten, hielten wir zwei
Sommer hintereinander Kinderstunden in unserem Keller. Zum
Schluß sagten neun deutsche Kinder, sie möchten Jesus gern persönlich kennenlernen. Das Ziel wie auch die Ergebnisse übertrafen
unsere eigenen Fähigkeiten bei weitem!

In seinem hilfreichen Buch »Faith Planning« (Glaubensplanung)
warnt Bruce Cook vor der Falle der »Projektionsplanung«. Das be-

deutet, man bewertet die Geschehnisse der Vergangenheit und verläßt sich auf gegenwärtige Hilfsquellen, um dasselbe noch einmal durchzuziehen. Er warnt ebenso vor »Wunschplanungen«, bei denen ein Christ nur gefühlsmäßig auf eine mitreißende Aufforderung reagiert.[1] Finden Sie die Mitte zwischen diesen beiden Extremen. Werfen Sie Ihre »verrückten« Ideen nicht einfach weg, sondern lassen Sie sich vom Herrn über einen bestimmten Zeitraum zeigen, ob es sich nur um emotionale »Seifenblasen« oder um die ersten Saatkörner seiner Pläne handelt.

Hier geben wir Ihnen einen Überblick über die beiden folgenden Teile:

Phase I: Prioritäten klar erkennen und sich Ziele setzen
   A) Segel setzen: Wir werden die Lebensprioritäten des Paulus untersuchen und Sie bitten, Ihre eigenen zu formulieren.
   B) Träume in Ziele verwandeln: Sie dürfen »kreativ« träumen. Formulieren Sie diese Wunschträume in einige Langzeitziele um, die Ihre Lebensprioritäten ergänzen.

Phase II: Ziele in die Wirklichkeit umsetzen
   Von A nach B gelangen: Sie sind Zuschauer bei einem Ehepaar, das in fünf Schritten sein Leben mit den Zielen, die es sich gesetzt hat, in Übereinstimmung bringt. Danach sind Sie damit an der Reihe!

Bitte geben Sie nicht der Versuchung nach, den Bibelstudienteil zu überspringen. Der Vorgang ist genauso wichtig wie das Endresultat. Es wird Ihnen hier aufgezeigt, wie Sie dieses Muster in Ihren alltäglichen Lebensstil einweben können.

Phase I: A) Die Segel setzen

Definition: Eine *Lebenspriorität* ist etwas, das rechtmäßig Vorrang über die anderen Elemente im eigenen Leben hat. Sie läßt sich nicht unbedingt durch die Frage entdecken: »Womit bringe ich die meiste Zeit zu?«, sondern vielmehr: »Worauf will ich die kreativen Kräfte meines Lebens konzentrieren?«

Austausch

»Trachtet zuerst nach dem Reich Gottes und nach seiner Gerechtigkeit, so wird euch das alles zufallen« (Matthäus 6,33).

Nehmen Sie sich Zeit, Ihre Prioritäten in weitläufigen Bereichen zu durchdenken, d. h. Dinge, die »rechtmäßig Vorrang haben«, vor die anderen Elemente Ihres Lebens stellen. Verwenden Sie die obige Schriftstelle als Rahmen für Ihre Überlegungen.

Entnehmen Sie Ihrem Gesprächsordner zwei Blätter und teilen Sie jedes davon in sechs gleiche Teile, so daß Sie 12 Zettelchen haben. Schreiben Sie auf jeden Zettel einen Lebensbereich. Hier einige Beispiele: Gott (meine Beziehung zu ihm), der Ehepartner; die Arbeit; mich selbst; die Kinder; die Verwandte; die materiellen Extras; die Welt (Nichtchristen in meiner Einflußsphäre); der Leib (andere Gläubige).

Jeder nimmt dann seine Zettel und ordnet sie in der Reihenfolge seiner Lebensprioritäten, so wie er es für richtig hält. Daraus kann eine Liste, ein Diagramm oder auch eine Zusammenstellung von Kreisen entstehen. Sie können diese Prioritäten als unveränderlich oder als beständig fließend ansehen. Erläutern Sie Ihrem Partner, warum Sie die Zettel so angeordnet haben.

 ## *Bibelstudium*

In 2. Korinther 5,14–20 gibt Paulus uns einen Überblick über die Veränderung seiner Lebensprioritäten, nachdem er Christ wurde. Lesen Sie diesen Abschnitt laut vor. Schreiben Sie die Lebensprioritäten des Paulus so auf, wie sie in diesen Versen ersichtlich sind (vergl. Philipper 3,7–10). Notieren Sie Ihre Beobachtungen in Ihrem Gesprächsordner.

Folgende Verse gelten für alle Christen und zeigen uns Gottes Anordnung von Prioritäten für unser Leben. Schlagen Sie die Verse nach und schreiben Sie die »Lebensprioritäten«, wie sie jeweils angedeutet werden, in Ihren Gesprächsordner: Kolosser 1,9–10; Galater 5,13–14 und 23; Matthäus 28,19–20; Philipper 2,4–8.

Ein Beispiel: Kolosser 1,9–10:
1. Ein dem Herrn würdiges Leben führen.
2. In der Erkenntnis Gottes wachsen.

 Austausch

(Freiwillige Übung: »Wer bin ich?« Bevor man Prioritäten und Ziele setzen kann, ist eine gewisse Selbsterkenntnis notwendig.

Falls Sie es für nötig erachten, nehmen Sie sich einige Augenblicke Zeit, gemeinsam über individuelle Talente, Fähigkeiten, Neigungen und Abneigungen, Stärken und Schwächen nachzudenken. Notieren Sie alles in Ihrem Gesprächsordner.)

Sie haben jetzt in Ihrem Gesprächsordner eine Liste von Lebensprioritäten, die allen Christen gemeinsam gelten – ob sie sich dessen bewußt sind oder nicht. Daneben sollten Sie sich Prioritäten überlegen, die ganz allein auf Sie zutreffen, wie z. B.:
1. Förderung und Anwendung meiner von Gott gegebenen Talente und Interessen in bezug auf:
2. Dienst für den Herrn an folgenden spezifischen Zielgruppen:
3. Entwicklung meines Ehepartners durch meine Einstellung und Handeln fördern.
4. Erziehung meiner Kinder zu reifen Christen, die andere zu Christus führen können.

Jeder nimmt nun ein Blatt aus seinem Gesprächsordner und bringt fünf Minuten damit zu, seine individuellen Lebensprioritäten aufzuschreiben. Tragen Sie einfach ein, was Ihnen in den Sinn kommt; revidieren können Sie es später. Machen Sie weitläufige und allgemeine Angaben, aber doch spezifischer als z. B. nur »Verherrlichung Gottes«. Nennen Sie mehrere Prioritäten, die für alle Christen gelten, und andere, die auf Sie persönlich zutreffen.

Vergleichen und besprechen Sie miteinander, was Sie geschrieben haben. Nehmen Sie sich ein paar Minuten Zeit, um dem anderen beim Revidieren und Neuschreiben zu helfen, bis jeder einverstanden ist, daß das Ergebnis die Person widerspiegelt, die Gott aus Ihnen machen will.

Falls Ihre Listen von Lebensprioritäten nicht zusammenzupassen scheinen, haben Sie in der Tat Grund zum Beten! Sie sind zwei verschiedene Einzelpersonen, die jede ihren einzigartigen Beitrag zum Leib Christi zu leisten hat. Dennoch will der Herr Ihre Herzen in dem Verlangen vereinen, für ihn zu leben und ihm zu dienen.

»So macht meine Freude dadurch vollkommen, daß ihr eines Sinnes seid, gleiche Liebe habt, einmütig und einträchtig seid« (Philipper 2,2).

 ## *Bestätigung*

»Ich bin ermutigt durch den Einblick in das, was Gott mit uns vorhat. Ich möchte dir zur Seite stehen, damit wir gemeinsam das sein und tun können, was er für uns geplant hat.«

 ## *Gebet*

»Vater, die Prioritäten, die wir aufgeschrieben haben, hören sich gut für uns an. Wir sind zwei unzulängliche Geschöpfe mit einigen Ideen, aber mit wenig Kraft, sie zu verwirklichen. Hilf uns, jeden Tag in der Kraft deines Heiligen Geistes zu leben, damit wir deine Gedanken denken lernen und dein Vorhaben mit uns gelingt. Leite uns jetzt auch weiterhin beim Überleben ...«

Phase I: B) Träume in Ziele verwandeln

Jeder von Ihnen hat sich für einige allgemeine Prioritäten entschieden. Der nächste Schritt wäre, detaillierte Langzeitziele zu setzen. Aber zuvor möchte ich Ihnen eine kreative Übung empfehlen.

Jeder nimmt eine Seite aus seinem Gesprächsordner und schreibt darauf die Überschrift: »Meine verrücktesten Wunschträume.« Arbeiten Sie getrennt und schreiben Sie Ihre geheimen Wünsche und Ambitionen auf – Dinge, die Sie sich am meisten für Ihre Person und Ihre Tätigkeit wünschen. Tun Sie, als hätten Sie dabei unbegrenzte geistliche, finanzielle, persönliche und zeitliche Hilfsmittel zur Verfügung. Setzen Sie sich hier absolut keine Grenzen; lassen Sie Ihrer Vorstellungskraft freien Lauf. Denken Sie dabei an Ihre Familie als Einheit und an sich selbst als Einzelperson. Das einzig Entscheidende ist, daß Sie aufschreiben, was Sie sich persönlich wünschen.

 ## *Austausch*

Vergleichen Sie Ihre Listen. Gibt es da Überraschungen? Vielleicht sehen Sie Ihren Ehepartner in einem neuen Licht, nachdem Sie nun seine (ihre) geheimsten Wünsche kennen!

Nehmen Sie sich nun etwas Zeit zum Vergleich Ihrer »verrücktesten Wunschträume« mit den Lebensprioritäten, die Sie vorhin formuliert haben. Sehen Sie hier Unterschiede und Unstimmigkeiten? Sprechen Sie miteinander darüber.

Es ist wichtig, von großen und hohen Dingen zu träumen; aber ebenso wichtig ist es, unsere Träume auf Gottes Altar zu legen. Gott selbst hat einen großen »Traum« – er will eine verlorene Welt zu sich zurückbringen (Lukas 19,10). Wenn wir unseren Ehrgeiz unter das Kreuz bringen, fangen wir an, die Welt durch die Augen Jesu zu sehen. Gott kann dann beginnen, unsere Wunschträume zu verändern und seine Absichten mit uns zu verwirklichen.[2]

Donna durfte dies erfahren. Seit langem träumte sie davon, Gott möge sie als Autorin gebrauchen. So entschloß sie sich vor mehreren Jahren, an einer britischen Universität weiter zu studieren. Gleichzeitig verbrachte sie längere Zeit im Gebet, um ihre Wunschträume in Gottes Hände zu legen.

In den kommenden Monaten gab Gott ihr zunehmend einen Blick für die geistliche Not Europas, wo sie sich ja nun befand. Sie kehrte in die Vereinigten Staaten zurück und schloß sich Campus für Christus an. Nicht lange danach heirateten wir und zogen nach Europa.

Lange Zeit sah es so aus, als sei ihr ursprünglicher Wunsch, Autorin zu werden, ad acta gelegt worden. Aber jetzt hat der Herr damit begonnen, ihren Traum zu verwirklichen. Nur sind die einzelnen Umstände dabei ganz anders, als sie es sich vorgestellt hatte.

 ## *Gebet*

Nehmen Sie sich ein paar Augenblicke Zeit, Ihre Wunschträume ge-

meinsam vor den Herrn zu bringen. Nennen Sie ihm Ihre Herzens-
anliegen ganz offen. Bitten Sie ihn, sie zu wiegen, zu sichten und zu
läutern, bis Ihre Wünsche mit den Absichten Gottes übereinstimmen. Bitten Sie auch um seine Führung bei den spezifischen Zielsetzungen. Beten Sie folgendermaßen:

»Herr Jesus, was würdest du – an meiner Stelle – in der Kraft
des Heiligen Geistes planen?«

»Einen jeglichen dünken seine Wege rein; aber der Herr prüft
die Geister« (Sprüche 16,2).

Es ist wichtig, daß Sie sich über Ihre Wunschträume klarwer-
den, und ebenso wichtig, Ihre Herzenswünsche zu sichten und vor-
läufig solche beiseite zu lassen, die Sie nicht in die Richtung weiter-
bringen, die Sie einschlagen wollen. Die übrigen können als Ziele
betrachtet werden, die Sie mit Gebet und Entschlossenheit verfolgen sollten.

»Es geht nicht so sehr um die Frage: ›Wohin will ich?‹ als darum:
›Wohin will der Herr mich bringen?‹«[3]

 ## *Bibelstudium*

Lesen Sie 1. Korinther 9,24–26 laut vor. Es heißt, daß Sie eine Belohnung erhalten, sobald Sie Ihre Lebensprioritäten erreicht haben.
Welche Bedeutung hat dies für das Setzen von Zielen in Ihrem Leben? Notieren Sie Ihre Gedanken in Ihrem Gesprächsordner.

Wir wollen nun in mehreren Bereichen einige spezifische Lebensziele festlegen. Jeder schreibt nach dem folgenden Muster
einen Überblick über persönliche Ziele auf und prüft sie.

Überblick über persönliche Ziele[4]

I. Prioritäten: Meine Lebensprioritäten sind:

II. Ziele: Wenn die obigen Angaben wirklich Prioritäten in meinem
   Leben sind, könnte ich in zehn Jahren wahrscheinlich folgendes
   von mir sagen:

A. Ich habe (bestimmte Ziele) erreicht:

B. Nachstehende persönliche und geistliche Wesensmerkmale haben sich in meinem Leben entwickelt (Merkmale wie größere Geduld, gute körperliche Verfassung, Hingabe zum Gebet usw.):

C. Meine Arbeit wird nachstehende Bereiche umfassen, und zwar mit folgenden Verantwortungen:

D. Mein Einkommen wird DM _____ im Jahr betragen (ohne Rücksicht auf eventuelle Inflationsraten).

E. Folgende Merkmale werden die Beziehung zu meinem Ehepartner charakterisieren:

F. Folgende Wesensmerkmale werden in meiner Familie zu sehen sein:

G. Meine Tätigkeit an Ort / in meiner Gemeinde umfaßt folgendes:

H. Ich werde wahrscheinlich folgenden Hobbies oder Interessen zur persönlichen Bereicherung nachgehen:

 Austausch

Kopieren Sie Ihre revidierten Lebensprioritäten unter I. Schauen Sie sich jetzt Ihre Zettel an. Welche dieser Träume könnten in den nächsten zehn Jahren durchaus Wirklichkeit werden? Bedenken Sie dabei, daß für Gott nichts unmöglich ist (Jeremia 32,17). Notieren Sie diese unter den passenden Aussagen auf Ihren Überblick über persönliche Ziele. Lassen Sie hinter jedem Punkt jeweils mehrere Zeilen für Zusätze frei.

Schreiben Sie keine Träume ein, die nichts zur Erfüllung der gesamten Lebenspriorität beizutragen scheinen. Der Wunsch, z. B., ein Segelboot zu kaufen und ein Jahr lang um die Welt zu segeln, paßt wohl kaum zur Gesamtpriorität, ein Botschafter Christi in der Geschäftswelt zu sein. Aber lassen Sie diesen Traum auf dem Zettel stehen und kommen Sie nächstes Jahr darauf zurück!

Lassen Sie außerdem alle Träume aus, bei denen es sich mit ziemlicher Sicherheit um bloße Phantasien handelt. (Ich habe schon immer davon geträumt, ein Opernsänger zu sein. Wer mich aber einmal singen gehört hat, weiß, wie er mein Talent einzuschätzen hat!) Genieren Sie sich jedoch nicht, sich einem Hobby zu widmen oder ein besonderes Interesse aufzugreifen. Solche Aktivitäten können, selbst wenn sie nicht »geistlich« zu sein scheinen, unser Leben bereichern und zu unserem gesamten Wohlbefinden – und dem der Menschen in unserer Umgebung – beitragen.

Nehmen Sie sich Zeit, und fügen Sie den Zielen von Seite 131 noch eigene hinzu. Fragen Sie sich: »Welch einen Unterschied würde das in jedem dieser Bereiche ausmachen, wenn die Aussagen unter Nummer I wirklich meine Prioritäten wären?«

Besprechen Sie miteinander, was Sie geschrieben haben, und achten Sie auf Feinheiten. Vielleicht werden Sie auch Ideen voneinander übernehmen wollen. Machen Sie sich keine Sorgen, wenn Sie mit dem Ergebnis nicht ganz zufrieden sind.

Sie haben jetzt einige Langzeitziele formuliert und aufgeschrieben. Denken Sie aber daran: »Ziele . . . sollten nicht als Endprodukt angesehen werden. Sie sind nur dann von Nutzen, wenn sie uns helfen, von Punkt A zu einem anderen Punkt zu gelangen.«[5]

 ## *Gebet*

»Vater, auch jetzt fühlen wir uns so klein, wenn wir sehen, in welche Richtung unser Leben verlaufen sollte. Ohne deine Hilfe werden diese Wünsche nichts als schön klingende Worte bleiben. Erinnere

uns jeden Tag daran, deine Kraft in Anspruch zu nehmen, damit wir
die Aufgabe, die du uns gestellt hast, erfüllen können . . .«

Phase II: Von A nach B gelangen

Vielleicht haben Sie vor sich hin gemurmelt: »Es ist ja schön und
gut, alle diese erhabenen Ziele zu setzen; aber was nützt das schon?
Die Vanns sollten einmal eine Woche bei uns wohnen – dann würden sie sehen, wie schnell sich unsere schönen Ziele in Luft auflö-
sen! Ihnen fällt es wahrscheinlich leicht; bestimmt sind es ganz diszi-
plinierte Leute. Aber für mich und meinen Ehepartner ist es
unmöglich, Ziele zu verwirklichen!«

Falls Sie etwas Derartiges gedacht haben, sind Sie auf einen
ganz wesentlichen Punkt gestoßen: *Ein Ziel, zu dessen Verwirklichung wir nichts unternehmen, ist schlimmer als überhaupt kein
Ziel zu haben.* Es ist schlimmer, weil ein Versagen gegenüber den
eigenen Erwartungen noch zusätzliche Schuldgefühle mit sich
bringt, wenn man sowieso schon vom ziellosen Dahinleben frustriert ist.

Übrigens lägen Sie falsch, wenn Sie meinten, wir Vanns seien
diszipliniert. Wir sind zwar beharrlich, was dem Erreichen von Zielen zugute kommt, haben aber sehr wenig *Selbstdisziplin.* Die einzige Art und Weise, einige unserer Langzeitziele zu verwirklichen,
bestand darin, diese *Langzeitziele in meßbare Kurzzeitziele einzuteilen und sie in unseren Terminkalender einzubauen.*

Das ist, was man Planen nennt. Zeitmanagement-Experten definieren das Planen als die Fähigkeit »die Zukunft in die Gegenwart
zu bringen«.[6]

Wenn Donna den ganzen Tag mit unseren beiden Kleinen
(drei und fünf Jahre alt) zu Hause ist, entsteht bei ihr schnell eine
Krisenreaktion. Sie eilt zum Telefon, zum aufgeschürften Knie, zur
ausgelaufenen Milch, zur überkochenden Suppe, zu den undichten
Höschen. Das ist ziemlich normal für eine Mutter von Vorschulkindern. Und realistisch gesehen, tragen alle obigen Aktivitäten zu
Donnas Ziel bei, gottesfürchtige Kinder zu erziehen. Wenn aber
Christen ihr ganzes Leben nach einem solchen Reaktionsmuster
führen, wird es zum Schluß nur ein unwirksames, unfruchtbares und
oftmals chaotisches Leben sein.

Richten Sie Ihr Leben nach dem Ziel aus

Überprüfen Sie als erstes Ihre Ziele: Sind Sie von ihrer Richtigkeit überzeugt? Oder handelt es sich um bloße Nachahmungen der Ziele eines anderen? Vielleicht sind Sie sich bei einigen Zielen etwas unsicher, glauben aber, daß sie vom Herrn sind. Dann bitten Sie ihn, auch die Flamme der Begeisterung dafür bei Ihnen zu entfachen!

Schauen Sie sich Ihren Überblick über persönliche Ziele an. Kreuzen Sie die Ziele an, von denen Sie überzeugt sind. Auf diese Ziele werden Sie Ihre ersten Anstrengungen konzentrieren.

 ## Bibelstudium

Lesen Sie laut Hebräer 12,1–3 und Philipper 3,12–17. In welcher Weise empfehlen die Verfasser den Christen, ihre Ziele zu verfolgen? (Reden Sie darüber und schreiben Sie Kernaussagen in Ihren Gesprächsordner.)

Wie werden Sie die aus diesen Versen gewonnenen Einblicke anwenden? Folgender erprobter 5-Schritte-Vorgang kann Ihnen helfen, Ihre Langzeitziele Wirklichkeit werden zu lassen:

1. Reduzieren Sie Langzeitziele auf meßbare Kurzzeitziele.
2. Reduzieren Sie jedes Kurzzeitziel auf eine oder mehr spezifische Aktivitäten (Arbeitsziele).
3. Notieren Sie die Arbeitsziele in Ihren Kalender.
4. Schauen Sie sich Ihren Kalender täglich an und befolgen Sie, was dort steht!
5. Ändern Sie das Nötige, beten Sie und seien Sie beharrlich!

Schritt 1: Reduzieren Sie Langzeitziele auf meßbare Kurzzeitziele
Einige Beispiele:
A. Finanzen
Langzeitziel: Mehr Geld verdienen.
Kurzzeitziel: Im nächsten Jahr DM _____ mehr verdienen.
B. Geistlicher Bereich
Langzeitziel: Gottes Wort mehr Teil des eigenen Lebens werden lassen.
Kurzzeitziel: Die Bibel in einem Jahr durchlesen.
Kurzzeitziel: Einen Bibelvers pro Woche auswendig lernen.

C. Familie

Langzeitziel: Eine engere Beziehung zu meiner Frau pflegen.

Kurzzeitziel: In den nächsten sechs Monaten mehr Zeit als bisher miteinander verbringen.

Kurzzeitziel: In den nächsten sechs Monaten lernen, meiner Frau in für sie sinnvoller Weise Liebe zu zeigen.

Denken Sie daran: Kurzzeitziele müssen spezifisch, zeitlich begrenzt und meßbar sein. Am Ende der von Ihnen festgesetzten Zeitspanne sollten Sie zurückblicken und sehen können, ob Sie Ihr Kurzzeitziel erreicht haben.

Schritt 2: Reduzieren Sie jedes Kurzzeitziel auf eine oder mehrere spezifische Aktivitäten oder Arbeitsziele.

Im folgenden sind einige Arbeitsziele genannt, die für die drei Beispiele in Schritt 1 notiert werden könnten:

A. Finanzen
- An einer Schulung teilnehmen, die mir Fachkenntnisse für einen zusätzlichen Bereich in meinem Beruf einbringt.
- Nichtzahlende Kunden »ausmustern« und sich auf treue Kundschaft konzentrieren.

B. Geistlicher Bereich
- Jeden Tag vor dem Frühstück 15 Minuten Bibellese nach einem Tagesleseplan.

C. Familie
- Mit meiner Frau (ohne Kinder) zweimal monatlich abends ausgehen.
- In den nächsten sechs Monaten gemeinsam einen Eheausflug machen.

Schritt 3: Notieren Sie die Arbeitsziele in Ihrem Kalender.

Donna und ich haben je einen Kalender, den wir zum Planen gebrauchen und der immer zur Hand ist. Ich ziehe einen vor, der mir einen Überblick über einen ganzen Monat mit einem Quadrat pro Tag gibt. Donna hat lieber eine Woche pro Seite mit genug Raum für ihre täglichen Arbeitslisten. Dazu halten wir noch gemeinsame Aktivitäten auf einem monatlichen Kalender fest, der beim Telefon liegt.

Für mich ist ein Kurzzeitziel ungefähr so permanent wie Zuckerwatte, bis ich es als Arbeitsziel auf meinem Kalender eingetragen habe. Steht es erst einmal schwarz auf weiß, ist es wie in Granit gehauen (obschon ich mit Bleistift schreibe!), wenn ich nicht einen guten Grund habe, es zu ändern.

Schritt 4: Schauen Sie sich Ihren Kalender täglich an und befolgen Sie, was dort steht!

Dieser Schritt ist offensichtlich, aber viele von uns versagen hier. Anfänger sollten ihren offenen Kalender dahin legen, wo sie ihre Augen schließen müßten, um ihn nicht zu sehen.

Wollen Sie das »Kalender-vermeiden-Syndrom« brechen, sollten Sie den Kalender nicht überladen. Sonst werden Sie nur entmutigt. Psychologisch ist es sicher besser, eine Arbeitsliste mit zwei Arbeitszielen zu haben, die Sie vollständig erledigen, als eine Liste mit zehn Zielen, von denen Sie nur vier erreichen. Und tragen Sie nicht das tägliche Einerlei in Ihren Kalender ein – Dinge, die Sie sowieso automatisch tun. Das entmutigt nur! »Pflichtübungen« (wie z. B. täglich 15 Minuten Gymnastik) schreiben Sie nur dann auf, wenn Sie gerade damit angefangen haben, es sich zur Lebensgewohnheit zu machen. Ist es erst einmal zur Gewohnheit geworden, brauchen Sie sich nicht zu zwingen, Ihren Kalender zu bemühen.

Schritt 5: Beten Sie, ändern Sie das Nötige und seien Sie beharrlich!

Das Leben ändert sich beständig: Pläne tun es auch. Es ist natürlich entmutigend, wenn man sich Zeit zum Planen genommen hat, und trotzdem alles mißlingt. In diesem Fall ist es gut, sich zu erinnern, wer wirklich Herr über Ihre Pläne ist!

Doch selbst wenn sich alles ändern sollte, ist das Planen wichtig. Wie das Sprichwort lautet: »Wenn du nicht dein Leben planst, wird es jemand anders tun!« Wenn Sie wissen, wohin Sie gehen wollen, können Sie auch dorthin gelangen, wenn Sie eine andere Route als ursprünglich geplant einschlagen müssen. Sie werden sich Ihrer Möglichkeiten nur noch bewußter und können sich den Veränderungen anpassen.

Donna und ich versuchen, uns jeden Sonntagabend vor dem Schlafengehen Zeit zum Planen zu nehmen. Wir planen getrennt und vergleichen danach unsere Pläne. Immerhin sollte es in meinem Kalender stehen, wenn meine Frau damit rechnet, mit mir auszugehen! Lade ich einige Freunde ein, um gemeinsam ein Fußballspiel im Fernsehen anzusehen, sollte dies auch nicht gerade sein, wenn sie einen Familienabend für gemeinsame Spiele angesetzt hat.

Donna und ich haben auch vereinbart, füreinander im Bereich der persönlichen Weiterentwicklung verantwortlich zu sein. Hat sie ihre Gymnastik gemacht? Habe ich meine tägliche Stille Zeit gehalten? Wir überlegen uns, wie wir einander helfen können, unsere guten Absichten in die Tat umzusetzen. (Damit dies produktiv ist und bleibt, müssen Sie zu sich selbst, zu Ihrem Ehepartner und zum Herrn eine gute Beziehung pflegen. Wiederholen Sie Kapitel 3 falls nötig.)

Da im Leben manch Unerwartetes eintrifft, braucht man Beharrlichkeit, damit man die Ziele auch erreicht. Aus diesem Grunde ist der Rat, den Paulus uns in Philipper 3,12–14 gibt, so passend: Vergiß die Vergangenheit und siehe auf das vor dir Liegende. Und nur der Herr kann uns diese Beharrlichkeit schenken.

Machen wir einen Probelauf!

In diesem Kapitel wurde Ihnen eine Methode aufgezeigt, Langzeitziele Wirklichkeit werden zu lassen. Vielleicht sollten Sie nicht gleich anfangen, mit jedem Bereich aus Ihrem Überblick der persönlichen Ziele so zu verfahren. Sie würden sich überfordert fühlen und wahrscheinlich keinen Kalender finden, der genug Tage hätte! Darum wollen wir uns ein Gebiet vornehmen und es durcharbeiten.

Als Beispiel nehmen wir ein Ehepaar, das wir kennen. Nennen wir sie Richard und Diane. Weil der Bereich »Arbeitsstelle« nirgendwoanders in diesem Buch zur Sprache kommt und weil es solch ein umfangreiches Thema ist, das unser ganzes Leben entscheidend prägt, soll hier davon die Rede sein. Schauen wir einmal zu, wie Richard spezifische Pläne für Punkte C und D unter Teil II (Ziele) in seinem Überblick über persönliche Ziele macht. Im Augenblick arbeitet Richard auf zwei Baustellen und widmet sich außerdem in seiner Freizeit den Jugendlichen seiner Gemeinde. Die Gemeinde hat jedoch die Stelle für einen vollzeitlichen Jugendleiter ausgeschrieben, für die Richard sich bewerben könnte.

Der erste Teil von Richards Überblick über persönliche Ziele könnte folgendermaßen aussehen:

I. Prioritäten: Meine Lebensprioritäten sind:
   – ein gottesfürchtiges Leben zu führen, damit andere Christus in mir sehen können;
   – als Ehemann und Vater Christus zu verherrlichen;
   – jungen Menschen zu helfen, Christus zu begegnen, in ihrem Glauben zu wachsen und ihn weiterzugeben.

II. Ziele: Wenn obige Angaben wirklich Prioritäten in meinem Leben sind, könnte ich in zehn Jahren wahrscheinlich folgendes von mir sagen: (Hier wollen wir uns also nur mit C und D beschäftigen, übergehen daher A und B.)

   C. Meine Arbeit wird nachstehende Bereiche umfassen, und zwar mit folgenden Verantwortungen:
   Evangelisation mit Jugendlichen auf breiterer Ebene und Weitergabe des Gelernten an andere.
   Eine Arbeit mit ausreichendem Einkommen für unsere finanziellen Bedürfnisse, besonders in bezug auf ein weiteres Kind, das wir uns wünschen.

   D. Mein Einkommen wird DM _____ im Jahr betragen. Nicht so wichtig, solange materielle Bedürfnisse gedeckt sind.

Nachstehend sehen wir, wie Richard und seine Frau den 5-Schritte-Planungsvorgang anwenden könnten, um das Ziel, mehr mit der Jugend zu arbeiten, zu erreichen:
Schritt 1: Reduzieren Sie Langzeitziele auf meßbare Kurzzeitziele.

Sollte Richard seine Arbeitsstelle wechseln, um sein Langzeitziel, Jugendliche zu gewinnen, zu erreichen? Diane hätte vielleicht Bedenken, z. B. in bezug auf die zukünftige finanzielle Sicherheit. Wie hoch wird sein Einkommen und die Rente sein?

Eine Methode zur Klärung der Angelegenheit wäre, ein »Für-und-Wider-Blatt« aufzustellen. Auf diese Weise kann der Herr den Entscheidungsprozeß führen und nach seiner Verheißung in 2. Timotheus 1,7 gesundes Urteilsvermögen schenken. Das Blatt könnte wie folgt aussehen:

Für	Wider
Entspricht meinem Lebensziel, jetzige Arbeit jedoch nicht.	Bedeutet evtl. weniger finanzielle Sicherheit und daher Unsicherheit für Diane und die Kinder.
Es würde mir Freude machen.	Könnte zeitlich und emotional sehr viel von uns fordern.
Ich meine, hier eine »Gabe« zu haben.	
Es würde unsere Familie bereichern, weil wir alle an der Arbeit teilnehmen könnten.	Frage: Könnten wir jemals ein Haus kaufen?
Verringert den bisherigen Streß, da ich dem Herrn nur meine »müden Stunden« geben konnte.	

Falls Richard die Frage in bezug auf das Haus positiv beantworten kann und wenn Diane einverstanden ist, werden beide wahrscheinlich den Arbeitswechsel befürworten. Wenn Gott Richard in einen solchen Dienst führt, wird er durch einige oder alle der folgenden Faktoren Bestätigung geben: 1) inneren Frieden, 2) weisen biblischen Rat, 3) bestätigende Umstände und 4) gesundes Urteilsvermögen.

Beachten Sie, daß Richards gegenwärtige Arbeit ihn nicht sehr erfüllt. Er hat auch nicht das Bestreben, viel Geld zu verdienen. Will er nicht in den »vollzeitlichen« Dienst für den Herrn eintreten, wird er überprüfen wollen, wie seine jetzige Arbeit dem Willen Gottes für ihn und seine Frau entspricht. Vielleicht sollte er bei seiner jetzigen Arbeit eine Veränderung anstreben oder sich eine andere weltliche Arbeit suchen. Oder er bleibt bei seiner Arbeitsstelle, behält aber seine Prioritäten und Ziele weiterhin fest im Auge.

Falls Richard sich für die Position in der Gemeinde entscheidet, reduziert er sein Langzeitziel der »Arbeit mit der Jugend« auf das Kurzzeitziel, »Jugendleiter in der Gemeinde« zu werden. Das könnte er in folgende Arbeitsziele aufteilen:

Schritt 2: Reduzieren Sie jedes Kurzzeitziel auf eine oder mehrere spezifische Aktivitäten oder Arbeitsziele:

1. Besprechung der Sachlage mit _____ (einem un-
   voreingenommenen, reiferen Gläubigen).
2. Vereinbarung eines Termins mit dem zuständigen Gemeindeko-
   mitee (z. B. dem Ältestenrat), um deren geistliches und prakti-
   sches Dienstverständnis zu erfahren. (Bei der Besprechung nach-
   fragen, ob mir und meiner Familie ein Haus zur Verfügung
   gestellt wird.)
3. Jugendevangelisationsplan vorbereiten, den ich bei der Sitzung
   vorlegen kann.
4. Die Hälfte des kommenden Samstags mit dem Herrn allein verbringen, um über den Arbeitswechsel nachzudenken und zu beten.

Schritt 3: Notieren Sie die Arbeitsziele in Ihren Kalender.

Richard trägt auf der Arbeitsliste für den nächsten Tag ein, daß
er seinen Freund und den Komiteevorsitzenden anrufen will. Da er
weiß, daß der Gemeindeausschuß in einem Monat sich zu einer Sitzung trifft, trägt er für die nächsten drei Wochen jeweils einen
Abend pro Woche ein, um an seinem Jugendevangelisationsplan zu
arbeiten, den er bei der Sitzung vorlegen will. Nach einem Vergleich
seines Kalenders mit dem von Diane trägt er auch den halben Samstag ein, den er dem Gebet widmen will.

Schritte 4 und 5: Führen Sie sie durch!

Denken Sie an diese fünf Schritte!

Sie können diese praktischen Schritte immer wieder anwenden, um Ihre Träume Wirklichkeit werden zu lassen.
1. Reduzieren Sie Langzeitziele auf meßbare Kurzzeitziele.
2. Reduzieren Sie jedes Kurzzeitziel auf ein oder mehrere Arbeitsziele.
3. Notieren Sie die Arbeitsziele in Ihren Kalender.
4. Schauen Sie sich Ihren Kalender täglich an und befolgen Sie, was
   dort steht!
5. Ändern Sie das Nötige, beten Sie und seien Sie beständig!

Ein letztes Wort: Wenn wir über Ziele und Prioritäten reden,
haben einige vielleicht den Eindruck, als strebten wir eine Art »Su-
perleben« an, das mit dem »normalen« Leben kaum noch etwas zu
tun habe. Aber das Leben besteht ja auch aus Essen, Schlafen, Win-

deln wechseln, Besorgungen machen, ein gutes Buch lesen ...
Nichts daran ist ungeistlich, wenn dadurch Christus geehrt wird. Wir
wollen jedoch unsere Lebensgewohnheiten überprüfen und unser
Ziel im Auge behalten, so daß wir nicht einfach ziellos umherwan-
dern, sondern danach trachten, wie Gottes Willen für uns in Erfüllung gehen kann.

 ## *Austausch*

Reden Sie darüber, welches Ihrer Langzeitziele Sie in Angriff nehmen können, um es zu verwirklichen. Wählen Sie für den Augenblick ein Ziel, an dem Sie zusammen arbeiten können. Schreiben Sie
Ihre Ideen, Schritte und Aktionspläne in Ihren Gesprächsordner und
in Ihren Kalender. Wenn Ihnen (nach ungefähr sechs Monaten) die
neuen Gewohnheiten geläufig sind, können Sie bei Ihrem nächsten
Eheausflug in ähnlicher Weise ein weiteres Ziel ins Auge fassen.

 ## *Bestätigung*

»Ich freue mich darüber, wie der Heilige Geist in deinem Leben am
Werk ist. Ich möchte ihm nicht im Wege stehen, sondern dich ermutigen, deine Ziele zu verfolgen. Ich brauche auch deine Ermutigung,
weil ich manchmal vergeßlich bin oder keine Lust mehr habe. Laß
uns überlegen, wie wir einander konstruktiv daran erinnern können,
unsere gesteckten Ziele entschlossen anzustreben. (Tragen Sie Ihre
Ideen ein.)

 ## *Gebet*

»Herr, wir freuen uns, daß du ein so großer Gott bist. Habe Dank für
die Fähigkeiten, die du uns gegeben hast und für das Geschenk der
Zeit. Gib uns die Weisheit, beim weiteren Planen unseres Lebens
die richtigen Entscheidungen zu treffen. Danke für die Kraft des Heiligen Geistes, der deine besten Pläne für uns wahr werden läßt ...«

Praktische Anwendung

Wir wollen nochmals unser Gespräch durchgehen und uns ein einfaches Ziel setzen. (Falls Sie schon die fünf Schritte auf eines Ihrer Langzeitziele angewendet haben, ist die »praktische Anwendung« für dieses Kapitel bereits erledigt.)

11 »**Du hast** *unser* **Geld für einen Rasentrimmer ausgegeben?**«

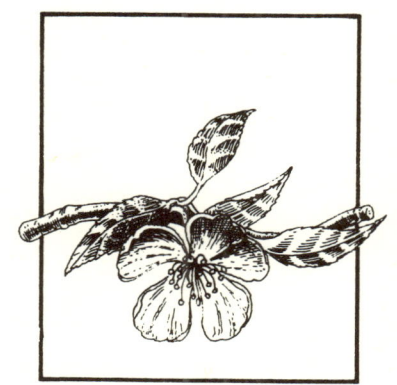

Der Umgang mit materiellen Werten

»Na klar habe ich einen Rasentrimmer gekauft«, gibt der Ehemann zu. »Den brauchen wir auch! Meine Zeit ist mir zu kostbar, als daß ich alles mit der Hand trimmen sollte.«

»Aber Liebling!« jammert die Frau. »Ich kann an zehn Dinge denken, die wir nötiger bräuchten, z. B. einen Heimtrainer. Warum hast du es nicht erst mit mir besprochen?«

Jedes Ehepaar – ob arm oder reich – hat wahrscheinlich Auseinandersetzungen darüber gehabt, wofür das Geld ausgegeben werden sollte. Diese Meinungsverschiedenheiten sind so komplex mit all den Nebenwirkungen, daß Geldprobleme bei vielen der heutigen Scheidungen zur Hauptursache zählen.

Es geht nicht so sehr darum, daß eine »Fabiola Pfennigfuchser« und ein »Ferdinand Verschwender« einen mäßigenden Einfluß aufeinander ausüben, obwohl das für ihre Ehe gar nicht so schlecht wäre. Vielmehr müssen sich Fabiola und Ferdinand in bezug auf Geld und Besitz die Gesinnung Christi aneignen.

Wie gelangen wir zu dieser Gesinnung? Zuerst müssen wir darauf achten, daß wir im Heiligen Geist wandeln. Dann dürfen wir ihn bitten, uns beim Lesen des Wortes Gottes die notwendige Weisheit zu verleihen (s. 1. Korinther 2,10–16).

Offensichtlich will Gott uns über das Thema Geld nicht im unklaren lassen – denn es wird oft in der Bibel erwähnt. Viele der Gleichnisse Christi betreffen den Gebrauch des Geldes. »Gott vergleicht unseren Umgang mit Besitztümern mit unserer Hingabe zu ihm.[1]

Da es zum Thema finanzielles Planen christliche Bücher gibt, ist dieses Kapitel kurz gefaßt. Beim Besprechen der hier enthaltenen Fragen werden Sie gewiß auf Meinungsverschiedenheiten stoßen. Sie sollten sich dann darauf konzentrieren, wie Gott den Besitz sieht. Kapitel 10 in diesem Buch gibt Ihnen allgemeine Richtlinien in bezug auf Prioritäten, Zielsetzungen und die Verwirklichung von Zielen im täglichen Leben. Die in diesem Kapitel angeschnittenen Fragen bieten hilfreiche Hinweise zum gesamten Bereich der Finanzen.

Kommen wir miteinander ins Gespräch

 Austausch

(Jeder nimmt ein Blatt Papier und vervollständigt nachstehende Aussagen:)

1. »Was mir am meisten in der Einstellung meines Ehepartners zu Geld und Besitz Sorge macht, ist . . .«
2. »Eine vor kurzem gemachte Anschaffung, mit der ich nicht einverstanden bin, war . . .«
3. »Was ich für uns gern angeschafft hätte, wäre . . .«

Vergleichen und besprechen Sie Ihre Antworten. Erwägen Sie als nächstes mögliche Ursachen für finanzielle Schwierigkeiten. Reden Sie darüber, welche Ursachen bei jedem von Ihnen zutreffen könnten.

Ursachen für finanzielle Schwierigkeiten:

1. Genußsucht – der Versuch, emotionale Mängel auf anderen Gebieten auszugleichen.
2. Unsicherheit – der Versuch, sich durch Spontaneinkäufe oder übertriebene Sparsamkeit gegen die Ungewißheit der Zukunft zu versichern.
3. Zurschaustellung – der Wunsch, andere damit zu beeindrucken, daß man genausoviel, wenn nicht noch mehr habe als sie.
4. Überheblichkeit – eine Einstellung, die besagt: »Ich verdiene das Beste.«

5. Mangelndes Selbstwertgefühl – man umgibt sich mit materiellen Dingen, um seine Minderwertigkeistkomplexe zu verbergen.
6. Habsucht – Liebe zum Geld, die Ihre Liebe zu Gott überschattet.

Wie kommen Ehepaare vom rechten Weg ab?

 ## Bibelstudium

Schlagen Sie die folgenden Verse nach und lesen Sie sie laut vor. Notieren Sie in Ihrem Gesprächsordner falsche Einstellungen zu Geld und Besitz, wie sie in diesen Versen sichtbar werden: Matthäus 6,31–32; Lukas 16,13; 1. Johannes 2,15–17; 5. Mose 8,10–14; 1. Timotheus 6,9–10.

»Sprechen einige dieser Bibelstellen unsere Situation an?«

 ## Austausch

Finanzexperten sagen, daß Ehepaare durch folgendes finanzielle Schwierigkeiten erfahren könnten:
1. Mangel an Kommunikation. (Z. B.: Der Mann stellt den Etat auf, ohne die Frau zu fragen.)
2. Verwirrung darüber, wer für welche Bereiche die Verantwortung haben sollte. (Ein Verfasser behauptet, daß in 90 Prozent aller Haushaltungen die Frau die Buchführung macht!)[2]
3. In finanzielle Gebundenheit geraten (d. h. die Monatsraten übersteigen das Monatseinkommen).
4. Nicht-Vorhandensein eines funktionierenden Haushaltsplans oder dessen Nichteinhaltung.
5. Schlechte finanzielle Entscheidungen (z. B. unweise Investitionen oder zu schneller Kauf eines Hauses).

Können Sie sich auf dieser Liste entdecken? Würden Sie andere Problembereiche hinzufügen? Stellen Sie in Ihrem Gesprächsordner eine Liste über »Finanzielle Schwierigkeiten« zusammen, die Sie gern lösen würden. Vermerken Sie dabei die Termine, an denen Sie sich darüber beraten lassen wollen, und die Literatur, die Sie als Hilfsmittel verwenden können.

Bestätigung

»Ich glaube, ich kann etwas über den Umgang mit Besitz von dir lernen, wenn ich sehe, wie du . . .«

 Gebet

»Herr, hilf, daß wir einander akzeptieren, verstehen und schätzen, auch wenn wir anders mit dem Geld umgehen würden. Wir trachten weiterhin danach, deine Gesinnung über materiellen Besitz zu haben, und brauchen dazu beide die Gewißheit, daß dein Heiliger Geist uns erfüllt . . .«

Der erste Schritt in Richtung finanzieller Unabhängigkeit: »Ehepaare, die mit ihrem Geld zurechtkommen wollen, müssen, ich wiederhole, sie müssen den Rat der Schrift suchen.«[3]

 Bibelstudium

Lesen Sie Hiob 1,21 laut vor. Was sagt dieser Vers über den eigentlichen Eigentümer Ihres Geldes und Ihres Besitzes? Lesen Sie Hiob 42,12. Betrachtet Gott unseren Besitz als »ungeistlich«? Wann werden Besitztümer zu einem Problem? (S. Matthäus 6,24)

Wenn Gott sich die Eigentumsrechte über unser Geld und unseren Besitz vorbehält, dann sind wir lediglich Haushalter. Ein »Haushalter« kann als Manager oder Treuhänder definiert werden. (Jesu Gleichnis von den anvertrauten Pfunden behandelt dieses Thema ausführlicher.)

Es ist Gottes Wille, daß seine Haushalter zuerst ihn suchen, freizügig geben und ihm vertrauen, daß er ihre materiellen Bedürfnisse erfüllen wird.

Lesen Sie laut vier Abschnitte vor, die das unterstreichen: Matthäus 6,33; 1. Timotheus 6,6–8; 2. Korinther 9,6–8; Philipper 4,16–17 und 19.

Wenn wir Gott an die erste Stelle setzen, unter seiner Leitung freizügig geben und ihm vertrauen, daß er für unseren täglichen Bedarf sorgt, dann wird finanzieller Friede bei uns eintreten. Dieser Friede ist der erste Schritt zu finanzieller Unabhängigkeit.

 ## *Austausch*

»Was bedeutet uns die Aussage: ›Gott wird für uns sorgen‹?«

Machen Sie drei Spalten in Ihrem Gesprächsordner: »Bedürfnisse«, »Wünsche« und »Nicht unbedingt Notwendiges«. Besprechen Sie, welche Anschaffungen Sie machen wollen und versuchen Sie, diese in die drei Kategorien einzuteilen. Zum Beispiel:

Bedürfnisse	Wünsche	Nicht unbedingt Notwendiges
Ausreichende Unterkunft haben	Hauseigentümer sein	Modische Kleidung haben

(Gott erfüllt oft sogar unsere Wünsche; aber manchmal gibt er uns nur, was wir brauchen.)

Besprechen Sie ebenfalls weitere Fragen:
»Inwiefern sind wir bereit, für die Dinge in der »Wünsche«-Spalte zu arbeiten?«
»Wieviel bedeutet uns der finanzielle Gewinn aus der zusätzlichen Arbeit gegenüber dem möglichen Verlust des Zusammenhaltes der Familie?«
»Welche Einblicke erhalten wir, wenn wir die Testfrage stellen: ›Was würde in dieser Situation den Herrn am meisten ehren?‹«
»Wollen wir irgendwelche Änderungen in der Art oder Menge der Arbeit, die wir beide tun, vornehmen?«

 ## *Bestätigung*

»Obwohl wir in der Vergangenheit finanzielle Mißverständnisse gehabt haben, vertraue ich darauf, daß der Heilige Geist jetzt in jedem von uns einen Geist der Einheit bewirkt.«

Gebet

Ein Gebetsbund

»Herr, wir schließen jetzt in deiner Gegenwart gemeinsam einen Bund: Wir wollen zuerst nach dir trachten, dich vor alle materiellen Gewinne stellen. Wir akzeptieren die Tatsache, daß wir in bezug auf das Geld und die Besitztümer, die du uns anvertraut hast, lediglich Verwalter auf Zeit sind. Wir wollen unter deiner Leitung anderen gegenüber freigebig sein. Wir vertrauen dir unsere täglichen Nöte an und wollen uns von dir in finanzielle Unabhängigkeit führen lassen . . .«

Unterschrift: _____

Unterschrift: _____

Datum: _____

 Praktische Anwendung

»Wir wollen unser Gespräch nochmals überdenken und uns ein einfaches Ziel setzen. (Zum Beispiel: »Mit Hilfe eines finanziellen Planungsbuches werden wir uns für den nächsten Monat jede Woche einen Abend Zeit nehmen, um eine Familienhaushaltsplan aufzustellen.«)

12 Die Pflege Ihrer Oliven- sprößlinge

Hilfe für Wachstum und Reife Ihrer Kinder

Einer unserer Freunde bemerkte wehmütig: »Das einzige Problem mit unseren Kindern ist die Tatsache, daß sie sich wie Kinder benehmen!«

Wenn wir unsere Nachkömmlinge nur in schöne, saubere, sündlose, vorhersehbare kleine Kästchen packen könnten, würde das Leben vielleicht öde werden. Aber man stelle sich nur vor, wieviel leichter die Erziehung wäre!

Statt dessen ist es vom ersten Tag an eine Herausforderung. Man kauft seinem süßen Baby eine niedliche Rückentrage, aber es weigert sich, auf irgendeinem Rücken getragen zu werden. Das ist Ihr erster Hinweis: Der Kleine richtet sich nicht nach den Regeln in den Büchern.

Irgendwann gehen Ihnen die Augen auf (wahrscheinlich so um 3 Uhr morgens, wenn Sie ein quengeliges Baby auf dem einen Arm halten und mit Ihrer freien Hand verzweifelt das Handbuch über Kindererziehung durchblättern). Das ganze Durcheinander ist außer Kontrolle geraten! Als Elternteil haben Sie im Brunnen der Zulänglichkeit den Tiefststand erreicht, und Sie fangen an, sich dort unten im »Schlamm« der Schuldgefühle zu wälzen.

Wegen dieser für Eltern so geläufigen Erfahrung beginnt dieses Kapitel auch gleich mit den emotionalen Bedürfnissen der Eltern. Das Kapitel hat drei Teile:

Teil I – Du und ich, die Eltern (wie wir uns fühlen und was wir daran ändern können)

Teil II – Sie, die Kinder (ihr Bedarf an Disziplin, Erziehung und Liebe)

Du und ich, die Eltern

 ## *Austausch*

Jeder nimmt sich ein Blatt aus dem Gesprächsordner und vervollständigt folgende Aussagen in ein paar Sätzen:

»Das schwierigste an der Elternschaft ist für mich . . .«

»Das, was mir an der Elternschaft am meisten Freude und Erfüllung bringt, ist . . .«

Tauschen Sie sich über Ihre Antworten aus.

Eltern zu sein ist eine überwältigende Aufgabe. Sie wird sogar noch erschwert durch die »Schuldgangster« – jene Mitglieder der emotionalen Mafia, die sich durch Ihr Heim schleichen, um sicherzustellen, daß Sie andauernd zahlen, zahlen und zahlen . . .

»Willst du etwa behaupten, du lernst mit deinen Kindern keine Bibelverse auswendig?« flüstern sie schockiert. »Wann hattet ihr zum letzten Mal einen Familienabend organisiert? . . . »Wird der Junge denn nie lernen, aufs Töpfchen zu gehen?« . . . »Deine Tochter hat sich schon wieder die Nase am Ärmel abgewischt!« . . . »Was bist du doch für ein(e) schlechte(r) Vater (Mutter)!«

Das soll nicht heißen, daß wir das Auswendiglernen von Bibelversen, Familienabende oder Kindererziehung verpönen, sondern daß wir die »Schuldgangster« vertreiben müssen. Es ist etwas anderes, wenn der Heilige Geist uns auf die Schultern »tippt«, um uns an etwas zu erinnern. Aber die »Schuldgangster« kritisieren uns nur ständig! Und dabei enden sie stets mit derselben Note: »In deiner elterlichen Verantwortung hast du versagt!«

Der Teufelskreis läuft etwa so: Eine erschöpfte Mutter hat einen schlechten Tag und läßt ihrem Ärger freien Lauf, sobald die Kinder sie reizen. Anstatt nun sofort die Vergebung des Herrn in Anspruch zu nehmen und zu sagen: »Tut mir leid, Kinder. Mutti ist heute ziemlich müde«, murmelt sie innerlich: »Ich bin eine schlechte Mutter, weil ich meine Kinder so behandle.«

Die »Gangster« brauchen keinen weiteren Tip. »Wie recht du hast!« pflichten sie Ihnen bei. »Ja, du bist sogar noch schlimmer als Frau X, die einige Häuser weiter wohnt, und diese ist nicht einmal gläubig!«

Dadurch wird die Mutter völlig von intensiven Schuldgefühlen geplagt. Das wahrscheinliche Resultat wird sein, daß sie an diesem Tag den Kindern gegenüber noch mehr gereizt ist.

Manchmal vermehren sich die »Gangster« noch, nachdem Sie gerade ein gutes christliches Buch über Kindererziehung gelesen haben. Traurigerweise hat man manchmal auch bei den besten Verfassern den Eindruck, als seien sie fast immer erfolgreiche Erzieher und ihre Kinder Musterkinder. Für alle von uns, die wir vor dem Mittagessen mindestens schon siebzehn Mal als Eltern versagt haben, kann das eine sehr bittere Pille sein.

Akzeptieren Sie die Täler mit den Bergeshöhen

Es kann jedoch eine große Hilfe sein, andere Kinder gleichen Alters wie Ihre eigenen zu beobachten. Sie werden bei ihnen Dinge sehen, über die Sie staunen, aber auch andere, die Sie »auf die Palme bringen«; denn so sind Kinder eben!

Nehmen wir als Beispiel eine Woche bei uns zu Hause:

- Lisa war frech.
- David hatte mehrere »Töpfchenunfälle« (mit 3 1/2 Jahren!).
- Millay warf sich mehrere Male aus Wut auf dem Boden herum.

Aber in derselben Woche:

- Ohne äußere Motivation fing Lisa an, sich selbst das Gitarrenspielen beizubringen.
- David fragte, was es bedeute, Jesus im Herzen zu haben.
- Millay war sonnig und fröhlich (zwischen den Wutanfällen).

Das Verhalten der Kinder folgt oft einem Berg-und-Tal-Bahn-Muster; aber lassen Sie sich nicht auch auf diese Bahn bringen!

 Austausch

Tragen Sie in Ihren Gesprächsordner zwei Spalten ein: »Bergeshöhen« und »Täler«. »Laß uns über das Auf und Ab unserer Kinder sprechen, das wir bei ihnen in letzter Zeit beobachten konnten.« »Wie haben wir darauf reagiert?« (Schreiben Sie Ihre Beobachtungen auf.)

Welche Farbe hat die Erlösung?

Das Auf und Ab muß man natürlich akzeptieren. Aber abgesehen davon kann man die »Schuldgefühle« am besten besiegen, indem man die Familie als »Übungsfeld für die erlösende Gnade des Herrn« betrachtet.

»Erlösung« heißt, erkauft, errettet, befreit sein von allem, was uns davon zurückhalten will, so zu sein, wie Gott uns geplant hat. Wie aber sieht Erlösung innerhalb der christlichen Familie aus? Ein Freund bemerkte ganz richtig: »Erlösung in der Familie sieht völlig anders aus, als man erwartet.« Einige Christen stellen sich darunter einen wunderschönen weißen Plüschteppich vor: ein Bild fleckenloser Perfektion. Persönlich habe ich noch keine »perfekte« Familie getroffen; und sollte sie existieren, stelle ich sie mir ziemlich langweilig und steril vor.

Ich meine, Erlösung in der Familie kann man nicht mit der Farbe weiß vergleichen, sondern sie hat eher die Farbe unseres Eßzimmerteppichs: eine nicht allzu appetitliche Mischung von Schattierungen, entstanden durch zertretene Erbsen, Apfelmus, Keksen und Kirschengelee. Egal, was unsere Kinder während des Essens auf den Boden fallen lassen, die Flecken gehen harmonisch ineinander über. Ich glaube, die Auswirkungen der Erlösung unseres Herrn in der christlichen Familie ähneln diesem Teppich: an einigen Stellen etwas häßlich, aber insgesamt unverwüstlich, bearbeitungsfähig, echt.

Edith Schaeffer kommentierte kürzlich bei einem Zeitschrifteninterview: »Eine Mutter sollte ihren Kindern zu verstehen geben: ›Ich bin nicht vollkommen, euer Vater ist nicht vollkommen, keiner von uns ist vollkommen. Wir sind eine Anzahl unvollkommener Menschen, die für eine begrenzte Zahl von Jahren unter einem Dach wohnen. Aber es lohnt sich, an der Weiterführung des Familienlebens zu arbeiten.‹«[1]

Wie kann sich die erlösende Gnade des Herrn in Ihrer Familie auswirken? Wo ist der Empfänger, der sie in Ihr Wohnzimmer ausstrahlt? Erlösung wird Realität durch Gebet – beständiges Gebet für jedes Kind. Je mehr Sie beten, um so mehr werden Sie von Furcht und Schuld befreit, damit Sie Eltern sein können, die mit der Hilfe Gottes ihrer Aufgabe nachkommen. Wir sind immerhin nur Werkzeuge Gottes in der Kindererziehung. Er will nicht nur uns gebrauchen, sondern auch viele andere Menschen, damit unsere Kinder zu reifen Erwachsenen werden. Das ist ein Grund, weshalb es so wichtig ist, engen Kontakt zu anderen Gliedern am Leibe Christi zu pflegen – sie haben unseren Kindern so vieles zu bieten!

 ## *Bibelstudium*

Lesen Sie Philipper 4,4–7 laut vor. »Wir wollen darüber reden, wie wir unsere natürlichen Ängste um unsere Kinder vor den Herrn bringen sollten, damit wir im Hinblick auf sie den ›Frieden Gottes‹ erfahren können.«

»Gebet ist das Werk Gottes. Es ist überhaupt das Wichtigste, was Sie für Ihre Kinder tun können, damit sie zum Glauben kommen. Beginnen Sie mit Gebet, fahren Sie fort mit Gebet und enden Sie mit Gebet.«[2]

 ## *Austausch*

»Vielleicht hat sich die erlösende Gnade Gottes in einer Weise, die wir nicht bedacht haben, doch in unserer Familie ausgewirkt. Welche Anzeichen der Erlösung können wir erkennen, wenn wir die letzten Monate überdenken?« (Zum Beispiel: Ein Elternteil reagiert zornig, bat dann aber das Kind um Vergebung. Ein negativer Wesenszug, der monatelang Anlaß zum Gebet war, scheint sich zu bessern, oder es fällt Ihnen leichter, ihn zu akzeptieren usw.)

»Laß uns nun über Personen reden, die uns im Leib Christi – in der Gemeinde – nahestehen. Welche spezifischen Dinge haben sie unseren Kindern zu bieten?« »Haben wir etwas, das wir ihren Kindern geben können (z. B. eine Fertigkeit, die wir ihnen beibringen können)?«

Bestätigung

Sagen Sie zueinander:

»Ich bin kein/e vollkommene/r Vater/Mutter.

Ich werde auf Erden nie vollkommen sein.

Unsere Kinder werden auf Erden nie vollkommen sein.

Ich vertraue auf Gott, daß er in unserer Familie, mitten in unseren Unvollkommenheiten, seine Erlösung sichtbar werden läßt.«

 ## *Gebet*

»Vater, als Eltern müssen wir jeden Tag, jede Minute in der Hingabe zu dir leben. Lehre uns, von einem Augenblick zum andern in der Kraft deines Geistes zu wandeln, damit unser Leben und unsere Familie dich verherrlichen können. Erinnere uns daran, täglich für unsere Kinder zu beten . . .«

Sie, die Kinder

»Der Diamant«

Ein Diamant, der roh,
ist Diamant auch so;
denn eh' er jemals funkelt,
gehört der Stein zum Gros.

Lag er auch noch so tief,
einst jemand nach ihm griff;
denn wär' er nicht gefunden,
hätt' er heut' keinen Schliff.

Ist er ans Licht geführt,
geschliffen und poliert,
der Diamant auf ewig
den Glanz nicht mehr verliert.

H. Sünderwald

Unsere kleinen Diamanten brauchen das Schleifen und Polieren, damit sie aus ihrer natürlichen Ungeschliffenheit herauswachsen. Unser höchstes Ziel ist es jedoch nicht nur, daß sie ebenmäßige, reife Erwachsene werden, sondern vor allem, daß sie ihren Glanz für Jesus Christus ausstrahlen.

Wir wissen, daß unsere Kinder eines Tages ihren Platz auf dem geistlichen Kampffeld einnehmen werden. Werden sie in der Lage sein festzustehen (Epheser 6,13–14)? Werden sie Jünger des Herrn Jesus sein, die fähig sind, andere zu leiten und zu lehren?

Wie können wir unseren Kindern helfen, ganz dem Willen Gottes zu entsprechen? Unser Hauptwerkzeug dazu ist die Liebe.

»Liebe ist etwas, das du tust«

So lautet der Titel eines Buches, das unser Pastor in Houston geschrieben hat. Diese Worte beinhalten eine Goldmine an Wahrheit, besonders wenn man sie auf Kinder anwendet (trotzdem ist es auch gut, ihnen direkt zu sagen, daß man sie liebt!).

Die beste Abwehr gegen unsere natürliche Neigung, zu nörgeln, zu schimpfen und die Kinder zu entmutigen, ist oftmals eine gute Offensive, nämlich die Entwicklung positiver Gewohnheiten der Liebe und des Aufbaus ihnen gegenüber. Besprechen Sie mehrere Möglichkeiten, Liebe auszudrücken, und schreiben Sie in Ihren Gesprächsordner einige bestimmte, praktische Mittel und Wege zu ihrer Verwirklichung im täglichen Familienleben. Abends, beim Schlafengehen, brauchen Sie vielleicht eine »Liebeskontrolle« nach der Devise: »Hast du heute dein Kind umarmt?« Helfen Sie einander, Ihre Ideen in Lebensgewohnheiten umzuwandeln.

Von all den vielen Möglichkeiten, wie Eltern den Kindern ihre Liebe zeigen könnten, wollen wir vier herausgreifen:
1) Disziplin
2) Fühlungnahme (Berührungen etc.)
3) Erinnerungen schaffen
4) Familienrat

1) Disziplin

Das Thema, das für gewöhnlich mit »Disziplin« bezeichnet wird, hat zwei Seiten: Zucht und Unterweisung. »Zucht ist primär dazu gedacht, Gehorsam einzuflößen. Unterweisung soll dazu dienen, gesellschaftliches Verhalten, Fertigkeiten und Verantwortung zu lehren.«[3]

Dr. Dobson schreibt:»Die Natur hat zu unserem Gebrauch in Augenblicken selbstherrlichen Trotzes eine wunderbare gepolsterte Stelle geschaffen, und ich wünschte, die ›Erziehungsexperten‹ wären in bezug auf ihren rechten Zweck weniger konfus.«[4]

 ## Bibelstudium

Lesen Sie Sprüche 13,24; 22,15; 23,13–14; 29,15–17 laut vor. »Zu welcher Schlußfolgerung können wir hier in bezug auf körperliche Züchtigung als Erziehungsmittel bei Kindern gelangen?« (Beachten Sie: Der Begriff »Rute« bezieht sich wahrscheinlich auf eine biegsame Gerte.)

 ## Austausch

Lesen Sie einige passende Abschnitte aus den empfohlenen Büchern über Kindererziehung laut vor. Unterstreichen Sie die Stellen, die Ihnen von größtem Nutzen scheinen. Diskutieren Sie das Folgende und machen Sie (für jedes Kind einzeln) Notizen in Ihrem Gesprächsordner:

1. »Welche neuen Erkenntnisse haben wir in bezug auf die Kindererziehung gewonnen?«
2. »In welcher konkreten Weise könnten wir diese in unserer Familie zur Anwendung bringen? Mit anderen Worten, wir sagen, bezogen auf jedes Kind: ›Das nächste Mal, wenn _____ geschieht, werden wir _____.‹ Oder: ›Wir werden ihm/ ihr helfen, _____, indem wir _____.‹ (Achten Sie darauf, daß Sie genaue Grenzen setzen und *gemeinsam* auf deren Einhaltung bestehen.)

 ## Bibelstudium

Lesen Sie Epheser 6,4 vor, möglichst aus zwei verschiedenen Übersetzungen. Besprechen Sie, wie dies Ihre Familie betrifft. »In welcher Hinsicht haben wir unsere Kinder vielleicht ›zur Widerspenstigkeit gereizt‹?«

2) Fühlungnahme

Fühlungnahme mit unseren Kindern bedeutet einfach, daß wir unsere Augen, unsere Ohren und unser Herz auf ihrer Ebene offenhalten. Schauen Sie sie an, hören Sie ihnen zu, holen Sie sie aus sich heraus, nehmen Sie sich Zeit, mit ihnen zu reden – es gibt kaum eine bessere Art und Weise, ihnen zu sagen: »Ich liebe dich.«

Es bedeutet auch, sich in ihre Welt zu versetzen. Als unsere beiden Jüngsten zum erstenmal Oma Reid in Texas besuchten, fanden sie sogleich die Toilette. Mit zusammengesteckten Köpfen und geweiteten Augen starrten sie ins Becken und riefen: »Da ist ja Wasser drin!« (Unsere Toilette in Deutschland ist anders gebaut.) Voller Freude teilten sie uns ihre Entdeckung mit. Und von Zeit zu Zeit verschwand einer von ihnen während unseres Besuchs, und man konnte aus dem hinteren Teil des Hauses ein deutliches Rauschen vernehmen. Eine tolle Sache!

Ich hoffe, Ihre Kinder beschäftigen sich mit etwas, das ein wenig kultivierter ist als Toilettenbecken. Aber was es auch sei, knien Sie sich auf ihre Ebene und genießen Sie es mit ihnen.

 Austausch

»Nehmen wir uns genug Zeit, wirklich mit unseren Kindern zu reden und ihnen zuzuhören?« »Wissen wir, was sie gedanklich beschäftigt und womit sie zu kämpfen haben?« »Sollten wir beim Zubettgehen etwas länger bei ihnen bleiben?« (Manche Kinder sagen in diesen abendlichen Stunden Dinge, die sie sonst nicht offenbaren würden!)

»Was wäre für uns die beste Zeit, um täglich mit den Kindern Kontakt aufzunehmen?« »Sollten wir irgendeine Arbeit oder einen Zeitplan im Hinblick auf die Bedürfnisse unserer Kinder neu überdenken?«

3) Erinnerungen schaffen

Was es heißt, Erinnerungen zu schaffen, bedarf wohl kaum der Erläuterung. Ich bin sicher, daß Sie es bereits tun. Kinder schwelgen gern in bestimmten Traditionen und kleinen Dingen, die stets in einer gewissen Weise getan werden.

Nach unserem Dankgebet beim Essen halten wir uns z. B. noch an den Händen und sagen: »Fröhlich sei's beim Mittagessen, guten Appetit!« Wir könnten ebensogut versuchen, im Kopfstand zu essen, als dieses kleine Ritual auch nur einmal auszulassen!

 Austausch

»Gibt es Erinnerungen, die wir heute schaffen könnten? Traditionen, die wir in unser Familienleben weben könnten?« »Machen wir genug Bilder und Dias, um sie dann den Kindern zu zeigen?« »Sollten wir bei wichtigen Anlässen im Jahr zu den Gepflogenheiten, die wir sowieso schon haben, noch andere hinzufügen?« »Wie steht es mit den Erinnerungen an unerwartete Entdeckungen auf Ausflügen?«

4) Familienrat

Der Familienrat, bestehend aus der gesamten Familie oder den Eltern und einem bestimmten Kind, trifft sich zu besonderen »Sitzungen«. Dies ist etwas anderes als ein »Familienspielabend«; denn ein Familienrat wird zu ernsteren Dingen einberufen, bei denen für gewöhnlich ein oder zwei Tagesordnungspunkte zur Sprache kommen.

Jedes Familienmitglied – ein Elternteil oder ein Kind – kann jederzeit einen Familienrat einberufen. Wir hatten »Sitzungen« über so unterschiedliche Themen wie »Besserung der Einstellung zu Hausaufgaben bei einer jungen Dame« (von uns einberufen) und »Wann darf ich ein Meerschweinchen haben?« (von Lisa einberufen). Wir haben ein kleines Notizheft, in dem die Entscheidungen des Rates festgehalten werden.

Das Schöne an einem Familienrat ist, daß wir es nicht mehr nötig haben, zu nörgeln oder ärgerlich zu werden. Die Kinder sind am Entscheidungsprozeß beteiligt und können notfalls an die gemeinsamen Beschlüsse erinnert werden. (Wir behalten uns immer noch 51 Prozent Stimmenmehrheit vor. Wenn unsere Dreizehnjährige ins volle Teenageralter kommt, denke ich, daß wir uns zuweilen das Vetorecht vorbehalten und ein anderes Mal die Entscheidung ihr überlassen werden.)

Ein weiterer Wert des Familienrates besteht darin, daß die Kinder unter Leitung der Eltern lernen, wie Entscheidungen getroffen werden.

 ## Austausch

»Sollten wir nicht auch mit einem Familienrat anfangen? Was wäre ein gutes Thema für die erste ›Sitzung‹, und wann sollten wir sie anberaumen?«

 ## Bestätigung

»Was ich bei deiner Beziehung zu den Kindern besonders schätze, ist . . .«

 ## Gebet

»Vater, wir bekennen unsere Unfähigkeit, alles zu sein und zu tun, was unsere Kinder brauchen. Wir danken dir, daß du auch andere Menschen im Leib Christi gebrauchst, um das Leben unserer Kinder zu berühren. Vor allem aber, Herr, berühre unsere Kinder durch deinen Geist. Wir beten, daß jedes von ihnen es sich wünscht, eine enge Beziehung zu dir zu haben . . .«

Wir, die Familie

Zukunftsvorstellungen

In seinem anspruchsvollen Buch »Building Respect, Responsibility and Spiritual Values in Your Child« (Wie Sie Ihrem Kind Ehrfurcht, Verantwortung und geistliche Werte vermitteln) schreibt Mike Phillips:

»Weitsicht ist der Schlüssel für erfolgreiche Elternschaft . . . Fangen sie im Glauben an, Ihr Kind so zu sehen, wie Gott es sieht – auf dem Gipfel der Reife . . . Leider stellen die meisten Eltern keine kreativen täglichen Ziele und die dazugehörigen Pläne auf, um sie zu erreichen.«[5]

Das könnte auf die gesamte Familie angewendet werden. Was für eine Familie wünschen Sie sich in zehn bis fünfzehn Jahren?

 ## Bibelstudium

Lesen Sie 5. Mose 6,1–9 laut vor. Welche Wesensmerkmale wünschte Gott in einer israelitischen Familie zu sehen?

Fragen Sie sich: »Welche Bedeutung hat das für uns? Wie können wir Gottes Wort in die Herzen unserer Kinder einprägen?«

Hier sind einige Vorschläge für den Anfang:
- wöchentliche Familienandachtszeiten,
- tägliche Stille Zeit (wie und wann?),
- einen Vers pro Woche (beim Abendessen) auswendig lernen,
- ein (illustriertes) Bibelmerkvers-Notizbuch für jedes Kind anlegen,
- lernen, anhand der täglichen Begebenheiten den Kindern das Wirken Gottes näherzubringen.

(Notieren Sie Ihre Gedanken und spezifischen Pläne in Ihrem Gesprächsordner.)

 ## Austausch

»Reden Sie über die Wesensmerkmale, die Sie von Gott in Ihrer Familie erwarten, und schreiben Sie sie auf.« (Falls Sie Kapitel 10 schon durchgearbeitet haben, stehen sicherlich bereits einige Ideen in Ihrem Gesprächsordner. Suchen Sie zu jedem Wesensmerkmal, wenn möglich, einen passenden Bibelvers heraus.)

Und nun »erträumen« Sie etwas für jedes Kind. Schreiben Sie hinter jeden Namen, wie Sie sich jedes von ihnen im Alter von 25

Jahren vorstellen. Lassen Sie mehrere Zeilen Raum zwischen den einzelnen Namen. (Schauen Sie sich das Musterschema am Ende dieses Kapitels an.)

Fragen Sie sich nun bei jedem Kind: »Um welches Wesensmerkmal sollen wir Gott in den nächsten sechs Monaten für sein Leben bitten?«

Die Gegenwart auskaufen

Vor kurzem war Donna in einem Bauernhaus in der Schweiz, um an diesem Buch zu arbeiten. Sie schaute eines Morgens aus dem Fenster und sah, wie der Bauer und seine Frau das frischgemähte Heu im hinteren Obstgarten zum Trocknen an der Sonne umwendeten. Als sie mit ihren Heugabeln in das süß duftende Heu hineinstachen, redeten und lachten sie miteinander. Sobald die Kinder aus der Schule kamen, halfen sie ebenfalls.

Für jene Familie waren Zeiten der Gemeinsamkeit natürlicher Bestandteil eines jeden Tages. Aber wir machen uns etwas vor, wenn wir meinen, daß in unserer verstädterten Gesellschaft gemeinsame Familienzeiten von selbst entstehen. Gewolltes, sorgfältiges Planen ist nötig, um sicherzustellen, daß die Familienglieder jede Woche gewinnbringende Zeit miteinander verbringen.

Unsere Familie bewerkstelligt dies z. B. durch einen wöchentlichen bunten Familienabend. Diese Abende verbringen wir damit, daß wir ein Puppentheater oder biblische Geschichten vorspielen, gemeinsam Kerzen ziehen, uns verkleiden etc. Anwesenheit ist obligatorisch (obwohl wir zuweilen wegen des großen Altersunterschieds zwischen den Kindern getrennte Abende veranstalten).

Diese besonderen Zeiten werden buchstäblich Monate im voraus in unseren Kalendern vorgemerkt. Wenn nötig, können sie aber auch in derselben Woche noch umdisponiert werden.

 ## Austausch

»Sollten wir in unserer Familie solche Abende durchführen? Wenn ja, wie oft? Wir wollen die nächsten zwei oder drei in unseren Kalendern vormerken.«

Schreiben Sie in Ihren Gesprächsordner Aktivitäten für den bunten Abend, die Ihren Kindern Spaß machen würden. Es braucht sich auch nicht nur um Abende zu handeln – Sie können auch Ausflüge, z. B. zu einem Museum oder zum Minigolfplatz, einplanen. Ins Kino gehen oder Fernsehen anschauen zählen nicht, weil die Familienabende dadurch wohl kaum gefestigt werden. (Sollten Sie in diesem Zusammenhang vielleicht auch den Fernsehkonsum bei sich zu Hause überdenken?)

 ## Bestätigung

»Ich bin dankbar für dich und unsere Kinder, und ich schätze unsere Beziehungen. Ich weiß, daß uns einiges im Wege steht, wie z. B. die begrenzte Zeit und unsere eigenen Unzulänglichkeiten. Aber es ist mein Verlangen, daß wir gemeinsam bemüht sind, in der Kraft des Heiligen Geistes eine Familie aufzubauen, die Gott verherrlicht.«

»Siehe, ich habe dir geboten, daß du getrost und unverzagt seist. Laß dir nicht grauen und entsetze dich nicht; denn der Herr, dein Gott, ist mit dir in allem, was du tun wirst« (Josua 1,9).

 ## Gebet

»Danke, Herr, daß du bei uns bist. Laß uns täglich deine Gegenwart in unserem Haus spüren! Gib uns die Kraft, unsere Ideen zu verwirklichen. Ermutige uns auch jeden Tag, unsere Kinder und uns selbst in deine Obhut zu stellen . . .«

 ## Praktische Anwendung

»Wir wollen unser Gespräch nochmals überdenken und uns ein einfaches Ziel setzen.« (Zum Beispiel: »Wir werden während des nächsten Monats täglich dafür beten, daß sich ein bestimmtes Wesensmerkmal bei jedem unserer Kinder entwickelt.«)
(Schreiben Sie Ihr Ziel auf und denken Sie darüber beim nächsten Eheausflug nach.)

Geistliche Zielsetzung für unsere Kinder

Dieses Schema kann als Richtlinie zu umfassenden Zielsetzungen und Planungen für das Leben Ihrer Kinder verwendet werden. Benutzen Sie ein Extrablatt für jedes Kind. Alle sechs Monate sollte es revidiert werden. Stellen Sie jeweils nur einen Aktionsplan pro Lebensbereich auf und machen Sie Abstriche, wenn Ihr Kind sich überfordert fühlt. (Bei kleineren Kindern nur mit einem Aktionsplan für je sechs Monate anfangen.)

»Ich danke meinem Gott, sooft ich euer gedenke – was ich allezeit tue in allen meinen Gebeten für euch alle, und ich tue das Gebet mit Freuden –, für eure Gemeinschaft am Evangelium vom ersten Tage an bis heute; und ich bin guter Zuversicht, daß der in euch angefangen hat das gute Werk, der wird's auch vollenden bis an den Tag Christi Jesu« (Phil. 1,3–6).

Name des Kindes:

Lebensbereiche	Mit 25 Jahren (Unser Gebetsziel)	Beschreibung des gegenw. Zustandes	Gebetsanl. u. Aktionsplan für die nächsten 6 Monate	Bibl. Verheißung
Geistlich:				
Intellektuell:				
Körperlich:				
Gesellschaftl./ Emotional:				

(Diese Seite darf zum eigenen Gebrauch photokopiert werden.)

13 Frucht, die nicht verfault

Über Ihren Gartenzaun hinaus

Eine unserer Lieblingsaktivitäten als Familie ist der »Gottes-dienst«, der im Kreis der Sessel und Couches am Sonntag in unserem Wohnzimmer stattfindet. Weil der Gemeindegottesdienst früh endet, können wir dieses Treffen noch vor dem Mittagessen einschieben. Jeder nimmt sich ein Liederbuch und – egal, ob er lesen kann oder nicht – besteht darauf, das Buch auf der richtigen Seite aufzuschlagen.

Unser Lieblingslied ist »Dieses Licht für Jesus scheint« (»This Little Light of Mine«), wobei wir alle einen Finger als Symbol für eine Kerze hochhalten. Und unsere Kinder lieben am meisten die Zeile, wo es heißt: »Stell es unter den Scheffel? Nein! Laß es leuchten heut!« Dabei brüllen sie das *»Nein!«* mit einer solchen Wucht, daß unsere Reihenhausnachbarn schier einen Meter in die Luft befördert werden.

Wenn nur jeder von uns eine so kraftvolle Überzeugung hätte, daß wir unser Licht nicht »unter den Scheffel« stellen sollten! Obschon wir »Missionare« sind, wissen Donna und ich aus Erfahrung, wie es ist, wenn man statt der Überzeugungen nur ein kleines Häufchen schuldüberzogener guter Absichten aufzuweisen hat.

Ich habe das Gefühl, daß sich viele gläubige Ehepaare heutzutage zurückziehen, nachdem sie anfänglich vielleicht einige Vorstöße in die nichtchristliche Welt gewagt haben. Möglicherweise befürchten sie, daß es sich nachteilig auf ihre Familie auswirken könnte, wenn man sich der Luft der »wirklichen« Welt zu sehr aussetzt; und so suchen sie in ihren sicheren christlichen Kreisen Schutz.

Solche Befürchtungen können berechtigt sein. Andererseits aber ist ein gut durchdachter Angriff viel wirkungsvoller als ein Rückzug. Außerdem, wie der Theologe Helmut Thielicke schon deutlich sagte, geht einem bald die Luft aus, wenn man sein Licht nimmt, unter den Scheffel zurückkriecht und sich diesen auch noch überstülpt. »Wenn er (der Christ) es nur wagen würde, Jesu Verheißung ernst zu nehmen und freudig ins Leben zu springen, wo immer er es lebt, würde er bald sehen, daß das Licht vom Wind nicht ausgeblasen, sondern vielmehr neu entfacht wird . . .«[1]

Welche Verheißungen Jesu könnten uns leiten, wenn wir uns wirklich wünschen, daß unser Licht über die Umzäunung unseres sicheren kleinen Ehegartens hinaus scheint? Schauen wir uns zwei Verheißungen an:

»Nicht ihr habt mich erwählt, sondern ich habe euch erwählt und bestimmt, daß ihr hingeht und Frucht bringt und eure Frucht bleibt« (Johannes 15,16).

»Ihr werdet die Kraft des Heiligen Geistes empfangen, der auf euch kommen wird, und werdet meine Zeugen sein« (Apostelgeschichte 1,8).

Aus diesen beiden Versen wird folgendes ersichtlich:

1. Jesus betrachtet »Zeuge sein« und »Frucht bringen« als ein Teil des normalen Glaubenslebens, sie sind also nicht fakultativ.
2. Jesus ergreift die Initiative, er gibt uns die Kraft, und er sorgt für die Resultate. (Siehe Anhang C)

In der Gegend, in der wir leben, ist fast jeder Hügel mit Weinstöcken bepflanzt. Diese wachsen in geraden Linien, gehalten von kräftigen Drähten.

Manchmal kann man beim Spaziergang durch die Wälder auch wilde Weinranken sehen, die in wirrem Durcheinander an alten Zäunen emporwachsen. Sicherlich sind sie »freier« als die kultivierten Ranken. Aber ihre Trauben sind, im Gegensatz zu den großen, süßen Weinbeeren, die der Winzer gezogen hat, klein und sauer.

Einige von uns geben sich mit einer »kleinen und sauren« Version des christlichen Glaubenslebens zufrieden, weil wir nicht willens sind, uns in vollem Gehorsam an Christus »anbinden« zu lassen. Dies gilt besonders im Hinblick auf unser Zeugnis vor anderen.

Die Autorin Rebecca Manley Pippert schreibt: »Ich sehe Jesus nicht in der Bibel sagen: ›Darum gehet hin, all ihr Extrovertierten, all ihr Bibelkenner, all ihr dynamischen und geschickten Bezugspersonen . . ., während ihr übrigen derweil herumsitzt und Lieder singt; denn es ist ja nicht eure Gabe.‹«[2]

Kommen wir miteinander ins Gespräch

 Austausch

Eine erfundene Geschichte über den Apostel Paulus[3]

Stellen Sie sich einmal folgende Situation vor: Paulus begegnet Jesus Christus auf der Straße nach Damaskus und wird errettet, wie es Apostelgeschichte 9 berichtet. Obgleich die Christen ihn zuerst noch fürchten, wird er schließlich von den Gläubigen in Jerusalem aufgenommen. Paulus ist begeistert über seinen neugefundenen Glauben. Die Freundschaft und Gemeinschaft der Christen am Ort ermutigt ihn. Einer seiner neuen Freunde bietet ihm gefälligerweise eine Arbeit als Zeltmacher an. Vierzig Jahre lang lebt Paulus in Jerusalem und ist in seinem Beruf tätig. Wegen seiner Bibelkenntnisse wird er zu einem geachteten Christen, der so weit gereift ist, daß er selber einen Bibelkreis leitet. Treu besucht er die Gemeindeveranstaltungen. Schließlich stirbt Paulus in Jerusalem.

(Sprechen Sie die Antworten zu folgenden Fragen durch und schreiben Sie Ihre Gedanken in Ihren Gesprächsordner.)

1. Welchen Einfluß hätte Paulus auf die Urgemeinde gehabt, wenn dies sein Lebenslauf gewesen wäre?
2. Wie unterschied sich das tatsächliche Leben des Paulus von der eben gelesenen Geschichte? (Nennen Sie drei Unterschiede, die aus Apostelgeschichte 9 bis 28 ersichtlich sind.)
3. Welche Herausforderungen stellt uns eine Übung wie diese im Hinblick auf unser Zeugnis.

Wenn man andere mit dem Zeugnis von Christus erreichen will, so muß man ihnen etwas von sich selber geben. Man nimmt das Wenige, das man hat, hält es mit offener Hand Gott hin und bittet ihn, es zu vermehren. Vielleicht sollten Sie gar nicht erst versuchen, andere zu erreichen, wenn es gegenwärtig um Ihre Ehe nicht gut bestellt ist. Aber Sie können auch nicht warten, bis Ihre Situation zu Hause »perfekt« ist, ehe Sie den Sprung wagen. Nichts belebt eine stagnierende Ehe so sehr wie das gemeinsame Unterfangen zweier Ehepartner, ihre Hände im Namen Christi anderen Menschen entgegenzustrecken!

Im folgenden Teil wollen wir fünf Gesichtspunkte besprechen, unter denen wir uns anderen mitteilen können:

1. Unseren Einfluß ausüben,
2. Erfahrungen weitergeben,
3. Anderen das Evangelium erklären,
4. Denen, die »auf dem Wege« sind, Hilfe geben,
5. Unsere materiellen Mittel geben.

 ## Bibelstudium

(Beantworten Sie folgende Fragen aufgrund der angegebenen Bibelstellen.)

1. Weshalb war Jesus gekommen? (Siehe Johannes 4,31–36)
2. Was war der Wille des Vaters in bezug auf Jesus? (Siehe Lukas 19,10)
3. Womit beauftragte Jesus seine Jünger in dem sogenannten »großen Missionsbefehl«? (Siehe Matthäus 28,19–20)
4. Wie drückt sich unsere Liebe zum Herrn aus, besonders wenn es darum geht, andere zu erreichen? (Siehe Joh. 14,23–24).

1. Unseren Einfluß ausüben

»Gott aber sei gedankt, der uns allezeit Sieg gibt in Christus und offenbart den Wohlgeruch seiner Erkenntnis durch uns an allen Orten« (2. Korinther 2,14).

Dieser Vers ermutigt micht, besonders wenn ich meine, daß mein persönlicher »Geruch« wahrscheinlich mit »Stänkerer 1a« zu bezeichnen ist. Er sagt mir, daß Gott mein Zeugnis bestimmt in einem weiteren Zusammenhang sieht als ich geneigt wäre, es zu tun. Der Einfluß unseres Lebens fängt in unserem »Thronsaal« an. Beschäftigen wir uns täglich mit Gottes Wort, damit es unsere Sinne erneuern kann?

Beten wir für das Wirken des Geistes Gottes in den Herzen unserer nichtchristlichen »Nachbarn« (d. h. für Personen in unserer Einflußsphäre)?

Meinen wir etwa, wir müßten »perfekte Christen« sein, oder haben wir die Freiheit, auch unsere menschlichen Kämpfe mitzuteilen, indem wir auf den einzig Vollkommenen hinweisen? (Wenn wir vollkommen wären, bräuchten wir dann noch Jesus?) Laden wir Nichtchristen zu uns ein und geben ihnen zu verstehen, daß wir sie akzeptieren und lieben? Haben wir auch Geduld mit ihren Kindern? Beweisen wir wahres Interesse an ihnen, indem wir Fragen stellen und ihnen wirklich bei ihren Antworten zuhören?

»Wissen Sie, Sie brauchen nicht erst nach Evangelisationsmethoden zu suchen. Wenn Sie so leben, daß Christus in allem, was Sie tun, zu sehen ist, ist Ihr Leben ein Zeugnis für andere.«[4]

 ## *Austausch*

(Machen Sie sich Notizen.)
1. Müssen wir mehr tun, um Freundschaften mit Nichtchristen zu pflegen? Wie und mit wem?
2. In welcher Weise könnten wir unsere Gastfreundschaft gegenüber Nichtchristen noch erweitern? (Zum Beispiel durch eine Weihnachtsfeier, zu der Nachbarn eingeladen werden.)
3. Wir wollen über einige Bereiche sprechen, in denen wir Schwierigkeiten erfahren. Wie könnten wir nichtchristlichen Freunden erklären (ohne zu predigen oder übergeistlich zu wirken), was es für uns bedeutet, inmitten der Probleme Christus zu erfahren?

2. Erfahrungen weitergeben

»Seid allezeit bereit zur Verantwortung vor jedermann, der von euch Rechenschaft fordert über die Hoffnung, die in euch ist« (1. Petrus 3,15).

Vor einigen Monaten lud Donna eine unserer Nachbarinnen zum Kaffee ein. Im Laufe ihrer Unterhaltung bemerkte diese berufstätige Mutter gegenüber meiner Frau: »Sie schreien Ihre Kinder nie an. Ich will das ja auch nicht; aber ich wurde so erzogen, und deshalb kann ich einfach nicht anders.«

Donna nahm die Gelegenheit wahr, der Frau kurz zu erzählen, wie sie zum Glauben an Christus gekommen war. Sie konnte ihr sagen, daß sie zwar auch manchmal unsere Kinder anschreit, daß aber Christus ihr hilft, einige negative Gewohnheiten zu brechen. (Die gegenseitige Verständigung ist jetzt noch offener geworden, und unsere Nachbarin hat bereits zwei christliche Bücher mit großem Interesse gelesen.)

Donna klang wahrscheinlich ganz spontan, als sie erzählte, wie sie dem Herrn begegnet ist. Vor mehreren Jahren hatte sie sich jedoch die Zeit genommen, ihre Geschichte oder ihr »Zeugnis« aufzuschreiben, damit sie es klar in ihren Gedanken hätte, falls sich Gelegenheiten zu einem Gespräch ergäben.

Das Evangelium verändert unser Leben, und das macht die Leute natürlich neugierig. Wenn Gott nämlich uns ändern kann, gibt es sicherlich auch Hoffnung für sie! Daher ist es wichtig zu wissen, wie man anderen das Wirken Gottes im eigenen Leben mitteilen kann.

 ## *Austausch*

Jeder nimmt ein Blatt Papier und schreibt in einigen Sätzen auf, was in den persönlichen Bericht über Ihre Begegnung mit dem Herrn gehört. Teilen Sie Ihr Blatt in drei Teile ein:
1. Mein Leben, bevor ich Christus kennenlernte. (Seien Sie offen, aber teilen Sie keine anstößigen Einzelheiten mit.)
2. Wie ich Christus persönlich kennenlernte. (Machen Sie es so deutlich, daß Ihre Zuhörer verstehen können, wie man Christ wird.)
3. Mein Leben, seitdem ich Christus aufgenommen habe. (Geben Sie ruhig zu, wie unvollkommen Sie noch sind. Aber was für positive Veränderungen können Sie schon feststellen?)

Ehe Sie zu schreiben anfangen, bitten Sie den Heiligen Geist um seine Führung. (Verwenden Sie die erweiterte Gliederung im Anhang B bei der Zusammenstellung Ihrer Gedanken.)

Sprechen Sie miteinander über Ihre ersten Gedanken. Versuchen Sie, mit den Ohren eines Nichtchristen zu hören, und helfen Sie einander, den fromm klingenden Jargon auszumerzen. Denken Sie daran: Es soll keine Predigt sein, sondern der Bericht über Ihre Begegnung mit dem Herrn und von seinem Wirken in Ihrem Leben.

Schreiben Sie nun Ihr Zeugnis im Gesprächsstil auf. Fassen Sie sich kurz genug, um es in drei Minuten geben zu können. Lesen Sie es einander vor. Klingt es echt? Interessant? Für Nichtchristen relevant? Überarbeiten Sie es, bis Sie denken, Sie könnten es in einem Gespräch einem Geschäftskollegen oder einer Mutter aus der Nachbarschaft mitteilen.

3. Anderen das Evangelium erklären

»Wie sollen sie aber an den glauben, von dem sie nichts gehört haben? Wie sollen sie aber hören ohne Prediger?« (Römer 10,14).

Wir reden davon, »Menschen ins Reich Gottes zu lieben«, und daran ist sehr viel Wahres. Sie einfach mechanisch mit Worten zu überhäufen, ehrt den Herrn nicht (auch wenn es »funktioniert«, weil Gott ja sein Wort gebraucht).

Trotzdem hat jedes Ding seine Zeit, und das schließt eine Zeit für eine klare und bündige Darstellung der wesentlichen Punkte des Evangeliums ein, wenn jemand zum Zuhören bereit ist. »Denn ich schäme mich des Evangeliums nicht«, schrieb Paulus, »es ist eine Kraft Gottes, die selig macht alle, die daran glauben« (Römer 1,16).

Heute gibt es im Christentum wahrscheinlich Tausende kleiner Bücher, die man mit interessierten Menschen durchlesen oder sie ihnen nach einer Unterhaltung, bei der auch geistliche Dinge berührt wurden, geben könnte. Einige Leute runzeln über solche Büchlein die Stirn, weil sie dies als »Konserven« empfinden. Ich persönlich esse und genieße einiges aus Konservendosen, solange es gut zubereitet und serviert wird! Heftchen wie »Gott persönlich kennenlernen«, herausgegeben von Campus für Christus, sind gute Werkzeuge, die einen klaren Überblick über die wichtigsten Fragen geben und genau beschreiben, wie man an Jesus Christus als seinen persönlichen Retter glauben kann.

Christliche Bücher an Interessierte ausleihen oder verschenken ist ein weiteres Beispiel für die Verbreitung des Evangeliums. Viele Bücher sind gerade für Suchende geschrieben worden. Einige Gemeinden bieten Evangelisationskurse an, die eine gute Hilfe zur Überwindung der anfänglichen Trägheit beim Zeugnisgeben bieten.[5]

Wie werden Sie ein Traktat, das Sie bei sich tragen, gebrauchen?

Sie können es nicht einfach hervorziehen, sobald jemand »Schönes Wetter heute!« bemerkt. Vor kurzem, auf einem Flug nach London, wollte ich einem neben mir sitzenden Geschäftsmann etwas vom Evangelium weitersagen. Vierzig Minuten lang fiel mir jedoch keine passende Frage ein, die unser Gespräch auf Christus gebracht hätte. Endlich löste der Herr meine Zunge, und wir unterhielten uns eingehend über die Unterschiede zwischen einem persönlichen Christentum und bloßem »Kirchentum«.

Die folgenden Fragen können helfen, den »Gesprächsgang« einzuschalten und die Unterhaltung auf geistliche Dinge zu lenken.

Bei Bekannten empfiehlt sich folgende Reihenfolge:

»Was bringt dir die größte Zufriedenstellung in deinem Leben (oder: bei deiner Arbeit)?«
»Wir haben eigentlich noch gar keine Gelegenheit gehabt, über deine religiöse Einstellung zu reden. An welchem Punkt bist du auf deinem geistlichen Lebensweg?«
»Bei Gelegenheit möchte ich dir gern vier grundlegende Dinge mitteilen, die mir geholfen haben, eine persönliche Beziehung zu Gott zu erfahren.«

Bei einem Gespräch über Tagesereignisse, Welt- oder innenpolitische Fragen usw.:
»Was ist Ihrer Meinung nach grundsätzlich verkehrt mit der Welt?«
»Haben Sie jemals in Betracht gezogen, was Jesus Christus darüber zu sagen hatte?« (Beziehen Sie sich auf die Aussagen des Herrn über den Menschen in Markus 7,21–23.)

Nachdem jemand Ihnen gegenüber ein Problem, eine Enttäuschung, eine Sorge usw. geäußert hat, womit Sie sich gut identifizieren können:
»Wissen Sie, ich habe etwas Ähnliches erlebt, bis ich etwas entdeckte, das meine Ansicht über _____ völlig verändert hat. Darf ich Ihnen kurz erzählen, was ich meine?« (Geben Sie Ihr Zeugnis und erklären Sie in kurzen Umrissen das Evangelium.)

Falls Ihre Erfahrung dem nicht ähnelt, was ein Nichtchrist gerade beschrieben hat, könnten Sie sagen:

»Wissen Sie, ich würde wahrscheinlich derselben Meinung sein, wenn ich nicht eine Erfahrung gemacht hätte, die meine Lebensanschauung verändert hat.«

Wenn auch nur eine vage »religiöse« Andeutung bei einem Gespräch gemacht wurde, ließen sich vielleicht folgende Fragen einflechten:

»Sind Sie eigentlich an geistlichen Dingen interessiert?«

»Was ist Ihres Erachtens ein echter Christ?«

»Hätten Sie Interesse zu hören, was die Bibel über einen wahren Christen zu sagen hat?«

Wenn jemand sich auf Gott bezogen hat:

»Was ist Ihre Vorstellung von Gott?«

»Hat sich schon einmal jemand Zeit genommen, Ihnen zu erklären, wie Sie Gott persönlich kennenlernen können?«

»Darf ich Ihnen etwas darüber erzählen, was mir in meinem Leben sehr geholfen hat?«

Mit jemandem, der einen starken religiösen Hintergrund oder ein großes Interesse an Glaubensdingen hat:

»Ich merke, Sie haben mehr über geistliche Dinge nachgedacht als die meisten Menschen. Wie wird man Ihrer Meinung nach Christ?«

»Ich würde gern Ihre Meinung über ein Büchlein hören, das für mein eigenes Denken eine Hilfe war. Haben Sie schon einmal gelesen, wie man Gott persönlich kennenlernen kann?«

Wenn jemand Gott und Religion mit »guten Werken« in Verbindung bringt:

»Einmal angenommen, Sie würden heute nacht sterben. Sie stehen vor Gott, und er fragt Sie: ›Warum sollte ich dich in den Himmel einlassen?‹ Was würden Sie ihm antworten?«

Wenn jemand behauptet, Atheist oder Agnostiker zu sein:

»Könnte Gott Ihres Erachtens außerhalb der Reichweite Ihres Wissens existieren?«

»Wie würde Gott – wenn er tatsächlich existierte – sich am wirkungsvollsten der Menschheit offenbaren?« (Kommen Sie auf die Menschwerdung und Gottheit Jesu zu sprechen.)

Mit jemandem, der von Religion enttäuscht ist:
»Von Religion halte ich auch nicht viel! Aber ich habe entdeckt, daß es einen großen Unterschied zwischen Religion und einem persönlichen Christsein gibt. Und diese Entdeckung hat sich sehr positiv auf jeden Bereich meines Lebens ausgewirkt. Darf ich Ihnen Näheres darüber berichten?«

 Austausch

Nehmen Sie einmal an, Sie hätten ein nichtchristliches Ehepaar aus Ihrer Bekanntschaft zum Kaffee eingeladen. Verwenden Sie einige der obigen Fragen (oder bessere, die Ihnen einfallen) zu einem Gespräch, bei dem Sie beide die vier Rollen spielen. (Einer von Ihnen spielt das gläubige Ehepaar, der andere die Nichtchristen. Versuchen Sie, die Unterhaltung bis zur Erläuterung des Evangeliums zu führen. Natürlich würden Sie im wirklichen Leben nicht genau so vorgehen wie geplant, aber es ist ermutigend zu sehen, daß man anderen das Evangelium mitteilen kann!

4. Denen, die »auf dem Wege« sind, Hilfe geben

»Den verkündigen wir und ermahnen alle Menschen und lehren alle Menschen in aller Weisheit, damit wir einen jeden Menschen in Christus vollkommen machen« (Kolosser 1,28).

Wir alle kennen Menschen, die »auf dem Wege« sind. Einige sind auf dem Wege, eine Beziehung zu Christus zu entdecken. Sie sind offen und interessiert. Alles, was sie brauchen, ist etwas Zeit zum Nachdenken über die Tatsachen und die Gelegenheit, wahre Christen aus der Nähe zu beobachten. Andere aus unserem Bekanntenkreis haben vielleicht erst vor kurzem zum Glauben an Christus gefunden und sind nun auf dem Weg, ihn besser kennenzulernen. Sie brauchen Liebe, Ermutigung und Anweisungen über die Grundlagen des christlichen Glaubens. Wieder andere sind schon weiter auf dem Weg zu einem Wandel mit dem Herrn. Aber sie würden sich gern mit anderen Gläubigen zu intensiverem Bibelstudium, zu einer verbindlichen Gebetsgemeinschaft und zur Motivierung für den Zeugnisdienst treffen. Schließlich sind einige gläubige Ehepaare auf dem Weg, eine engere und bereicherndere Beziehung zueinander zu finden. Sie würden viel Nutzen aus Zusammenkünften mit anderen Ehepaaren ziehen, bei denen man ein Buch oder Kassetten über die christliche Ehe miteinander diskutiert. Anleitungen zum Gebrauch dieses Buches in einem Kreis, dem es um ein Wachstum im Eheleben geht, finden Sie in Anhang D.

Auch Sie befinden sich »auf dem Wege« und haben wahrscheinlich Freunde in den meisten dieser vier Gruppen. Für Sie als Ehepaar wäre es z. B. eine gute Möglichkeit, andere zu erreichen, wenn Sie Ihr Haus als Treffpunkt für eine oder mehrere Gruppen öffnen würden.

Vielleicht wird beim Lesen dieser Zeilen Ihr Herz schneller schlagen, und Sie fragen sich: »Heißt das etwa, daß wir einen solchen Kreis leiten müßten?« Überhaupt nicht. Gastgeber für einen Kreis zu sein bedeutet nicht unbedingt, ihn auch zu leiten. Vielleicht kennen Sie einige reifere Christen in Ihrer Gemeinde, die bereit wären, einen Kreis, der sich bei Ihnen trifft, zu leiten. Sie selbst könnten sich als Initiatoren betätigen, andere zu diesem Kreis einladen und sie motivieren.

Trotzdem möchte ich Sie auch ermutigen, selbst die Leitung des Kreises zu übernehmen, anstatt jemand anderen dafür heranzuziehen. Sie brauchen nicht mehr zu wissen als die anderen Teilnehmer. Viele Studienhefte geben Anleitung, wie ein Kreis selbst die geistlichen Wahrheiten entdecken und zur Anwendung bringen kann. Der Gruppenleiter muß dabei nur einige Grundsätze wissen und beachten.

 ## *Austausch*

Überlegen Sie gemeinsam, welche Möglichkeiten Sie für den Anfang eines Kreises bei sich zu Hause sehen. Halten Sie Ihre Ideen im Gesprächsordner fest.

»Welche der nachstehenden Kreise wären im Hinblick auf unsere Freunde und Bekannten interessant für uns?«

1. Ein »Entdeckungskreis« (für »Noch-nicht-Christen«)
2. Ein Wachstumskreis (für solche, die jung im Glauben sind)
3. Ein Bibelkreis (für reifere Christen)
4. Ein Ehepaarkreis (zur Bereicherung des Ehelebens)
5. Oder ein sonstiger hier nicht erwähnter Kreis.

Hier noch einige Einzelheiten zur Bildung eines Kreises:

1. Wen sollten wir auf einer vorläufigen Liste als möglichen Kreisteilnehmer vermerken? (Acht bis zehn Personen sind das Maximum für ein gutes Gruppengespräch.)
2. Wie oft sollte sich der Kreis treffen? Wann? Für wie viele Wochen? Wenn ein Kreis nur eine bestimmte Anzahl von Wochen bestehen soll – z. B. acht bis zehn Wochen –, wären die Leute vielleicht eher bereit zu kommen. Wann sollten wir anfangen?
3. Wie sollten wir für den Kreis werben? Wie sähe die ansprechendste Einladung aus?
4. Wir notieren uns das Nötige im Kalender, damit ein Anfang gemacht werden kann.

5. Unsere materiellen Mittel geben

»Gebt, so wird euch gegeben werden. Ein volles, gedrücktes, gerütteltes und überfließendes Maß wird man in euren Schoß geben.« (Lukas 6,38)

In seinem Buch »Your Finances in Changing Times« (Ihre Finanzen in veränderlichen Zeiten) schreibt der Finanzberater Larry Burkett:

»Gottes Freiheit läßt sich im finanziellen Bereich nicht erfahren, es sei denn, . . .

A. man erkennt Gott als Eigentümer über alles an und akzeptiert die Rolle eines Haushalters;
B. man gibt den ersten Teil wieder an Gott zurück;
C. man sucht den Grund, weshalb Gott einem über die Grundbedürfnisse hinaus Überfluß schenkt.«[6]

Diese Konzepte werden in Burketts Buch und in seinem Handbuch »How to Manage Your Money« (Der Umgang mit Ihrem Geld) weiter ausgeführt. Für unsere Zwecke hier setze ich voraus, daß Sie im allgemeinen mit den obigen Aussagen übereinstimmen. (Wenn nicht, lesen Sie doch noch einmal Kapitel 2 in diesem Buch durch.)

Somit ergibt sich nicht die Frage: »Sollten wir geben?«, sondern vielmehr: »Wem sollten wir geben?« Sie werden selbstverständlich Ihren »Wohlstand« mit der örtlichen Gemeinde teilen wollen, in der Sie geistlich versorgt und gefördert werden. In einigen Fällen werden Sie dafür sorgen wollen, daß Gemeindegelder nicht nur für Aufgaben nach innen, sondern auch für Mission nach außen eingesetzt werden.

Viele christliche Werke arbeiten ebenfalls auf Spendenbasis. »Viele verdienen unsere Unterstützung«, sagt Burkett, »aber einige sind schlecht verwaltet, unfruchtbar und sogar Gott gegenüber unehrlich. Trachten Sie nach der Weisheit Gottes, ehe Sie geben. Besorgen Sie sich Literatur . . . reden Sie mit anderen . . . verschaffen Sie sich Einblick.«[7]

 ## Austausch

Bitten Sie den Herrn um Weisheit und Einheit des Sinnes, ehe Sie fortfahren. »Sollten wir mehr geben? Wieviel mehr? Welche Einzelpersonen oder Werke sollten wir als mögliche Empfänger in Betracht ziehen? Wir wollen versuchen, uns einen Einblick über sie zu verschaffen.«

 ## Bestätigung

»Gott aber kann machen, daß alle Gnade unter euch reichlich sei, damit ihr in allen Dingen allezeit volle Genüge habt und noch reich seid zu jedem guten Werk« (2. Korinther 9,8).

 ## Gebet

»Herr, wir wissen, daß du viel mehr an unserer Verfügbarkeit als an unseren Fähigkeiten interessiert bist. Wir wollen alles, was wir haben und was wir sind, dafür einsetzen, daß dein Reich sich ausbreitet. Wir danken dir für die Gewißheit, daß du uns beauftragt hast, hinzugehen und ewig bleibende Frucht zu tragen. Nimm diese

Pläne, die wir gemacht haben, gib uns Mut, sie durchzuführen, und gehe uns voran, um Herzen zum Hören und Aufnehmen bereit zu machen.«

 ## *Praktische Anwendung*

»Wir wollen unsere Gespräche kurz überdenken und ein einfaches Ziel setzen. (Zum Beispiel: Wir wollen eine »Wunschliste« mit den Namen von zehn Freunden oder Verwandten aufstellen, für die wir uns eine ewige persönliche Heilsbeziehung zu Jesus Christus erhoffen. Wir wollen regelmäßig beten, daß Gott sie zum Glauben führen wird. (Schreiben Sie Ihr Ziel hier auf und überprüfen Sie es oft.)

Teil III

Rückkehr in den Alltag

14 Jäten Sie wöchentlich das Unkraut aus

Die Pflege Ihres Gartens zu gelegener und ungelegener Zeit

Sie beide haben die letzten Stunden oder Tage in anstrengender »Ehegartenarbeit« verbracht. Wahrscheinlich haben Sie sich die Hände schmutzig gemacht und sind dabei auch emotional »ins Schwitzen geraten«. Ich hoffe, Sie haben auch ein gewisses Erfolgsgefühl erfahren, das sich bei intensiver ehelicher »Spatenarbeit« einstellt.

Aber hören Sie noch nicht auf – Ihre Aufgabe hat gerade erst begonnen! Sie müssen sich jetzt Zeit nehmen, das Unkraut auszujäten, das sich unweigerlich einstellen wird. Sonst werden die guten Auswirkungen Ihres Eheausflugs sehr bald wieder beeinträchtigt werden.

Dieses Kapitel gibt Ihnen Anweisungen, wie Sie in dreierlei Hinsicht wöchentlich das Unkraut beseitigen können:
- Leben mit ungelösten Spannungen
- Der Ausklang des Eheausflugs
- Einplanung regelmäßiger Gesprächszeiten

Leben mit ungelösten Spannungen

Der Aufenthalt in Europa während der vergangenen fünf Jahre hat uns einiges über unser Heimatland gelehrt. Ein Einblick, den wir gewonnen haben, betrifft die sehr geringe Toleranz, die wir Amerikaner im Vergleich zu vielen anderen Völkern in der Welt gegenüber ungelösten Problemen haben.

Wenn ein Amerikaner ein Problem sieht, fragt er nicht erst: »Werde ich es zu lösen versuchen?« Natürlich wird er es versuchen! Seine einzige Frage lautet vielmehr: »Wie kann ich es am schnellsten und wirksamsten lösen?«

Das ist mit ein Grund für dieses Buch: bei der Problemlösung in der Ehe zu helfen. Aber realistisch gesehen lassen sich einige Probleme nicht in wenigen, noch so intensiven Gesprächen lösen. In bestimmten Fällen verschwinden sie sogar erst nach vielen Jahren. Andere mögen nie ausgeräumt werden. Was tun, wenn zwischen Ihnen als Ehepaar oder in Ihrer Familie Spannungen bleiben, bei denen Sie keine Hoffnung auf Lösungen haben? Wie stellen Sie sich dem Ausblick auf jahrelange Konflikte über bestimmte Problemfälle? Vielleicht handelt es sich um

- einen negativen Charakterzug bei Ihrem Ehepartner,
- ein schwieriges Kind,
- einen nur schwer zu liebenden Verwandten,
- den Druck Ihrer beruflichen Laufbahn,
- Unstimmigkeiten über ein wichtiges Anliegen wie z. B. die Kindererziehung.

Wie sollte man darauf reagieren? Im folgenden möchten wir Ihnen drei Vorschläge unterbreiten.

Liebe durch den Glauben

Lassen Sie als erstes das Konzept der »Glaubensehe« tief in den Boden Ihres Ehegartens sickern. Wie Sie durch den Glauben zu Jesus fanden und durch den Glauben wachsen (s. Philipper 1,6), so leben Sie auch als christliche Ehepartner durch den Glauben miteinander. Eine Glaubensehe führen heißt, Sie akzeptieren Ihren Ehepartner als Ihnen von Gott gegeben. Erfahren Sie Spannungen? Wahrscheinlich. Besitzt Ihr Ehepartner negative Wesenszüge, die sich einfach nicht ändern? Sicherlich!

»Wir wissen aber, daß denen, die Gott lieben, alle Dinge zum Besten dienen, denen, die nach seinem Ratschluß berufen sind ... daß sie gleich sein sollten dem Bild seines Sohnes« (Römer 8,28–29).

Jeder von uns ist in Gottes Hand wie ein Werkzeug zum Schneiden und Schleifen von Diamanten, mit dem er den anderen in das Ebenbild seines Sohnes umformt. Überdies würden wir wohl kaum für unsere Ehe beten, wenn alle unsere Eheprobleme gelöst wären. Ungelöste negative Dinge bringen uns immer wieder auf unsere Knie.

Selbst in einer sehr guten Ehe fühlen sich die Partner dem anderen gegenüber nicht immer zärtlich und romantisch gestimmt. Das sind genau die Zeiten, um durch den Glauben zu lieben. »Der Glaube ist wie der Anlasser beim Auto – er startet den starken Motor, der das Fahrzeug betreibt. Der Glaube läßt die unbegrenzte Kraft Gottes in einer Situation frei werden.«[1]

Durch den Glauben zu lieben heißt, sich an Gott wenden und ihn bitten, uns mit Liebe für einen anderen Menschen zu erfüllen. Im »Mitteilbaren Konzept« über »Andere durch Glauben lieben – Wie lernt man das?« nennt Bill Bright folgende Schritte:

a) Begreifen, daß Gott die Quelle der bedingungslosen Liebe ist (Römer 5,8; Johannes 17,23; 1. Johannes 4,19).

b) Erkennen, daß Gottes Liebe in uns ist, weil der Heilige Geist in uns wohnt (Johannes 17,26; Römer 5,5).

c) Im Glauben Gottes Liebe für den anderen Menschen in Anspruch nehmen. Wir wissen, daß Gott von uns verlangt, andere zu lieben. Er hat es ja befohlen. Im Glauben vertrauen wir Gott, daß er uns den unerschöpflichen Vorrat seiner Agapeliebe für unsere Familienglieder schenkt. Dies gilt auch für Personen in unseren Gemeinden, die wir nicht leiden mögen! Wir können solche Menschen nicht in eigener Anstrengung lieben; wir müssen die Liebe zu ihnen von Gott empfangen.[2]

Wenn wir es lernen, Gott als die Quelle unserer ehelichen Liebe anzunehmen, wird ein Großteil der ungelösten Spannungen nachlassen.

Nachgeben, ehe man zerbricht

Zweitens, bitten Sie Gott um Weisheit, daß er Ihnen zeigt, was es heißt nachzugeben.

»Wenn es aber jemanden unter euch an Weisheit mangelt, so bitte er Gott, der jedermann gern gibt und niemanden schilt, so wird sie ihm gegeben werden.« (Jakobus 1,5)
Beachten Sie folgende mögliche Konfliktsituationen:

– Der Mann verwaltet die Finanzen. Die Frau ist sicher, sie könne es besser machen, aber er gibt ihr keine Chance dazu.

- Der Mann ist für körperliche Züchtigung bei den Kindern. Die Frau hat diesbezüglich keine feste Meinung; die Kinder schlagen kann sie aber nicht.

Was tun, wenn man in wichtigen Dingen anderer Meinung ist? Der eine oder beide von Ihnen müssen nachgeben, ehe Sie zerbrechen. Sich-Unterordnen ist nicht nur die Verantwortung des einen oder anderen Partners. 1. Petrus 3,1–8 richtet sich an beide (die Worte sind der revidierten Lutherbibel entommen):

An die Ehefrauen:
- ordnet euch unter,
- in Reinheit und Gottesfurcht leben,
- Schmuck sei . . . der verborgene Mensch des Herzens,
- sanfter und stiller Geist.

An die Ehemänner:
- Vernunft,
- (den Frauen) Ehre geben,
- (sie) als Miterben der Gnade des Lebens behandeln.

An beide:
- gleichgesinnt sein,
- mitleidig sein,
- voll brüderlicher Liebe sein,
- barmherzig und demütig sein.

Der Herr wird Weisheit für jede Situation schenken, wenn beide Partner bereit sind, sich einander und dem Herrn hinzugeben. Er will Ihnen helfen, flexibel zu sein – sprödes Glas zerbricht sehr leicht!

Die Auswirkungen mildern

Ein dritter Vorschlag für das Leben mit ungelösten Konflikten lautet: Wenn Sie eine negative Sache nicht ändern können, unternehmen Sie wenigstens etwas, um die negativen Auswirkungen zu mildern. Ein Schritt in diese Richtung wäre es, wenn Sie Ihre verschiedenen Reaktionen auf Spannungen verstehen lernten.

Donna und ich neigen dazu, in gleicher Weise auf äußeren Druck zu reagieren: Wir werden »plusquamperfektionistisch«. Ich bemerke dann, jedes Stäubchen im Hause. Sie sieht plötzlich mit aller Klarheit jeden Charakterfehler in mir und unseren Kindern. (Der Herr wußte, was er tat, als er uns drei außergewöhnliche und sehr selbstbewußte Kinder gab! Wären sie auch nur im geringsten stiller oder sensibler Natur gewesen, hätten wir wahrscheinlich schon längst ihre Persönlichkeiten erdrückt.)

Wie reagieren Sie auf Spannungen? Nehmen Sie sich etwas Zeit und beschreiben Sie sich selbst nach folgender Auflistung:

– nörgeln	– klagen
– schmollen	– explodieren
– kritisieren	– kühl werden, schweigen
– Geschlechtsverkehr verweigern	– das Problem ignorieren
– von zu Hause wegbleiben	– der Familie gegenüber
– perfektionistisch werden	Negatives über ihn/sie reden

Wenn wir erkennen, wie wir gewöhnlich unter Druck reagieren, können wir es zum Gebetsanliegen machen. Donna und ich sind übereingekommen, uns gegenseitig darauf aufmerksam zu machen, wenn die Druckreaktion sich einschaltet. Wenn wir auch nicht immer unsere Reaktionen stoppen können, läßt doch der Druck oft nach, wenn man sich nur bewußt macht, was geschieht.

Zur Wiederholung: Zum Leben mit ungelösten Problemen hilft:
- durch den Glauben lieben,
- nachgeben, damit man nicht zerbricht und
- die Milderung der negativen Auswirkungen.

Der Ausklang des Eheausflugs

Nehmen Sie sich nun etwas Zeit, Ihren Eheausflug zum Ausklang zu bringen. Denken Sie aber daran, daß sich nicht alle losen Enden schön säuberlich verknüpfen lassen.

Sie haben sehr viel miteinander geredet; wahrscheinlich über eine ganze Palette von Themen. Vielleicht haben Sie nun zahlreiche Ideen, wie von diesem Augenblick an Ihr Leben anders aussehen soll. Können Sie alle diese Ideen in die Tat umsetzen? Niemals!

Das »Eintrichtern« in den »Arbeitsbehälter«

Bedeutet es also, daß zum Schluß doch nur die Frustration bleibt? Nicht unbedingt. Anstatt die Hände frustriert zusammenzuschlagen, »trichtern« Sie Ihre Ausflugsideen in einen »Arbeitsbehälter« für Ihre Ehe ein.

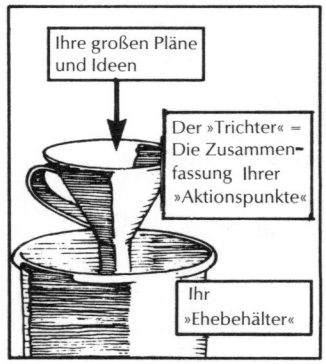

Ihre großen Pläne und Ideen

Der »Trichter« = Die Zusammenfassung Ihrer »Aktionspunkte«

Ihr »Ehebehälter«

Der »Arbeitsbehälter« für Ihre Ehe kann nur eine bestimmte Menge zu gegebener Zeit aufnehmen. Wahrscheinlich hat er nicht die nötige Kapazität für alle Ideen in Ihrem Gesprächsordner. Betrachten Sie daher noch einmal, was Sie am Ende eines jeden Kapitels unter »Praktische Anwendung« vermerkt haben. Diese Dinge werden Ihre »Aktionspunkte« sein.

Was ist ein »Aktionspunkt«? Er beschreibt etwas, das Sie sich vornehmen, um eine Veränderung in einem bestimmten Lebensbereich zu bewirken. Im folgenden einige Beispiele von »Aktionspunkten«:

 - Für mehr Selbstbeherrschung des vierjährigen Sohnes beten,
 - Ein Buch über Kindererziehung lesen,
 - Mit einer Stillen Zeit am Morgen beginnen,
 - Sich bei einer Gymnastikgruppe anmelden,
 - Den Kinderstunden-/Kindergottesdienstleiter und seine Frau zum Essen einladen,
 - Einen monatlichen Ausgehabend mit dem Ehepartner einplanen,
 - Jeden Tag bewußt einmal jedes Kind umarmen,
 - Beim Arbeitgeber eine Versetzung in eine andere Abteilung beantragen.

Es kann sein, daß Sie die »Aktionspunkte« revidieren oder erweitern wollen. Der Einfachheit halber würde ich aber vorschlagen, daß Sie diese auf zwei für jeden von Ihnen persönlich, zwei für beide gemeinsam und einen für jedes Kind einschränken. (Kinder sind leicht entmutigt, wenn man versucht, sofort alles an ihnen zu verändern.) Sechs Monate später können Sie einen anderen Punkt aufgreifen.

Die Frustration vermindert sich, wenn Sie *regelmäßige* Eheausflüge unternehmen (ideal wäre einmal alle sechs Monate). Man macht sich weniger Sorgen um die Verwirklichung aller Ideen, wenn sich sechs Monate später eine weitere Chance bietet. Anne Ortlund berichtet, daß sie und ihr Mann (er ist Pastor) einmal im Monat einen Tag lang ihren Wohnort verlassen, um für ihre Zielsetzungen zu beten, sie durchzudenken und Fortschritte zu beurteilen.

 ## *Austausch*

Sie haben während Ihres Eheausflugs viele Themen noch unberührt gelassen. Bevor Sie also Ihre »Aktionspunkte« (d. h. Ihre praktischen Anwendungen) aufschreiben, sollten Sie sich Zeit nehmen, nachstehende Dinge gemeinsam kurz durchzusprechen. Überlegen Sie, ob es in den folgenden Bereichen etwas gibt, das Sie unternehmen sollten:

1. Körperlicher Bereich (Ernährung, sportlicher Ausgleich, Arztbesuche usw.);
2. Geistlicher Bereich (Stille Zeit, Gebet, Besuch einer Bibelstunde usw.);
3. Gesellschaftlicher Bereich (mehr gemeinsame Zeit, Vereinsmitgliedschaft, Gastfreundschaft usw.);
4. Rolle der Eltern (beständigere Liebe/Disziplin usw. gegenüber den Kindern);
5. Beruf (Veränderung der Arbeitsverhältnisse oder der Arbeitsstelle anstreben usw.);
6. Finanzen (vermehrtes Geben, Sparplan, Haushaltsplan anfangen usw.);
7. Missionarischer Dienst (Schulung in persönlicher Evangelisation, Gebetskreis anfangen, Sonntagsschulklasse übernehmen usw.)

Verwenden Sie obige Anregungen für einige mögliche »Aktionspunkte«. Aber wie gesagt, übertreiben Sie nicht! Suchen Sie nur solche heraus, die gegenwärtig vorrangig sind. Sehen Sie Ihren Ordner durch und kreuzen Sie Ideen an, die Sie für äußerst wichtig halten. Zwei »Aktionspunkte« für jeden von Ihnen, zwei zur gemeinsamen Durchführung und dazu einen pro Kind sind genug für den Anfang.

Nehmen Sie nun ein Blatt aus Ihrem Gesprächsordner und versehen Sie es mit der Überschrift »Ausflugsausklang« (Datum). Sehen Sie sich das Muster dazu in Anhang A an.

 ## *Praktische Anwendung*

Es mag Ihnen schwerfallen, Ihre »Aktionspunkte« auf so wenige zu beschränken. Wenn Sie es mit drei für jeden versuchen wollen, gut – aber sagen Sie nicht, ich hätte Sie nicht gewarnt! Notieren Sie sie in Ihrem Gesprächsordner.

Als nächsten Schritt vermerken Sie diese Punkte in Ihren Kalendern. Das soll ihre Durchführung sicherstellen! (Dieser Vorgang wird eingehender in Kapitel 10 erläutert.)

Während Sie Ihren Kalender vor sich haben, sollten Sie den nächsten Eheausflug planen!

Sich jemandem verantwortlich machen

Selbst bei diesem sorgfältigen Planen ist es manchmal fast unmöglich, Ideen in die Tat umzusetzen. Vielleicht öffnen Sie bei Ihrer Rückkehr die Haustür und entdecken, daß Ihr Haus (immer noch) in Unordnung ist, die Kinder sich überhaupt nicht geändert haben – und Sie auch noch derselbe/dieselbe sind! Da ist man sehr in Versuchung, schon vor dem Start aufzugeben.

Tun Sie es aber nicht! Denken Sie daran: Der Herr ist am Werke, er will Sie in Christi Ebenbild umgestalten – auf seine Weise und zu seiner Zeit. Er gibt nicht auf!

Donna und ich haben es im Hinblick auf die Verwirklichung unserer Ideen als besonders hilfreich empfunden, uns jemand anderem gegenüber verantwortlich zu fühlen. Dazu muß man sich eine andere Person oder ein Ehepaar aussuchen und sie fragen, ob sie die Aufgabe übernehmen würden, um das zu verwirklichen, was man in Angriff genommen hat. Diese Person (oder dieses Ehepaar)
   – verpflichtet sich, für Sie in diesem Bereich zu beten,
   – wird Sie regelmäßig nach Fortschritten befragen,
   – wird ermutigt, Ihnen gegenüber fest zu bleiben, falls Ihre eigene Hingabe schwanken sollte.

Auch als Ehepartner können Sie füreinander verantwortlich sein. Donna hat mich gebeten, sie daran zu erinnern, täglich Sport zu treiben. Ich wiederum schätze es, wenn sie sich nach meiner Stillen Zeit erkundigt. Das bedeutet, daß wir eine *Gnadenbeziehung* zueinander aufrechterhalten, anstatt ins Nörgeln zu verfallen.

Wenn es Ihnen mit Veränderungen wirklich ernst ist, nehmen Sie am besten die Hilfe eines Dritten in Anspruch. Tun Sie sich mit einem anderen Ehepaar zusammen – oder sogar mit mehren Ehepaaren – und verpflichten Sie sich, füreinander verantwortlich zu sein.

Einplanung regelmäßiger Gesprächszeiten

Was ist die beste Gewährleistung dafür, den Nutzen aus einem guten Eheausflug aufrechtzuerhalten? Planen Sie regelmäßige Zeiten für einen Austausch miteinander ein, beurteilen Sie die bisherigen Fortschritte und beschließen Sie weiterzumachen.

Ohne regelmäßige Gesprächszeiten werden Sie wohl kaum in der Lage sein, Ihre guten Vorsätze durchzuführen. Ein weiteres Kind, eine andere Arbeit, ein Umzug, ein Todesfall in der Familie – jedes dieser Ereignisse kann umwälzende Folgen haben. Außerdem können auch viele geringere Dinge den Erdboden des Ehegartens aufwühlen! Manchmal erinnern wir uns nicht einmal mehr, ob wir in den letzten sechs Monaten überhaupt einen Eheausflug unternommen haben, ganz zu schweigen von irgendwelchen Gesprächen.

Ich empfehle Ihnen, für jede Woche tiefergehende Gesprächszeiten einzuplanen (einmal im Monat wäre das absolute Minimum). Notieren Sie die Zeiten in Ihrem Kalender und suchen Sie sich einen ruhigen Ort, an dem Sie ungestört sind.

Für Ihre erste Gesprächszeit wäre es gut, einfach Kapitel 3 in diesem Buch durchzulesen und die Fragen für die 5. Woche aus Anhang D als Sprungbrett für den Austausch zu benutzen.

Wie können Sie sicher sein, daß die regelmäßige Gesprächszeit auch gut ausgenutzt wird? (Übrigens, die nachstehenden Ideen lassen sich auch auf Eheausflüge anwenden, nachdem Sie jedes Kapitel dieses Buches durchgearbeitet haben.)

1. *Schreiben Sie wichtige Fragen oder Themen in Ihrem Gesprächsordner auf,* die Ihnen einfallen. Bewahren Sie diesen an einem

bestimmten, leicht zugänglichen Platz auf, damit Sie Fragen oder Ideen, die Ihnen in den Sinn kommen, gleich notieren können. Nehmen Sie den Gesprächsordner zu jeder Gesprächszeit mit.

2. *Überdenken und bewerten Sie Fortschritte* auf der Grundlage Ihrer vorangegangenen Eheausflüge. Da Sie ihre Aktionspläne auf einer Seite notiert haben, können Sie sie leicht durchlesen und sich fragen: »Befolgen wir dies? Wenn nicht, warum nicht? Sollten wir daran weiterarbeiten oder einfach aufhören?« (Diese Auswertung des Eheausflugs ist nur einmal monatlich notwendig.)

3. *Ermutigen Sie sich gegenseitig, offen zu sein.* Lernen Sie es, unter die Oberfläche zu dringen, die verborgenen Tiefen der Person, die Sie geheiratet haben, zu entdecken. Ein uns bekanntes Ehepaar verwendet bei seinem regelmäßigen Austausch folgende Liste von Fragen:

1. Wie verlief deine Woche?
2. Hast du etwas, wofür ich beten sollte? Betest du für mich?
3. Was hast du in letzter Zeit vom Herrn gelernt?
4. Wie ist dein Verhältnis zu deinem Vorgesetzten?
5. Wen sollten wir zum Essen oder zum Kaffee einladen?
6. Hast du irgendwelche Schwierigkeiten im Glauben bemerkt oder überwinden können?
7. Was hast du in dieser Woche am liebsten getan?
8. Was für Gefühle hast du hinsichtlich unserer Beziehung?
9. Was denkst du über unser Intimleben?
10. Habe ich diese Woche etwas getan oder gesagt, öffentlich oder privat, was dir zu schaffen macht oder dich ärgert?
11. Habe ich diese Woche etwas getan oder gesagt, das dich besonders freute?
12. Gibt es irgend etwas, wobei ich dir helfen könnte?
13. Weißt du, daß ich dich liebe?

Dies sind einfache Gedanken, die das Gespräch in Gang bringen. Überlegen Sie sich zu Ihrer ganz persönlichen Beziehung passende Fragen.

Wie man ein heikles Thema behandelt [3]

Haben Sie keine Angst, bei Ihren Gesprächszeiten offen und frei miteinander zu reden. Konflikte gehören zu einer normalen Ehe! Es kann etwas sehr Gesundes sein, wenn Ehepaare lernen, leicht entzündliche Themen zu behandeln, ohne sich zu verbrennen.

Falls Sie eine Streitfrage haben, die heikel ist, versuchen Sie, nach den Schritten des folgenden Schemas vorzugehen.

Der letzte Schritt ist übrigens am besten geeignet, ein überhitztes Thema abzukühlen: Beten Sie. Außerdem schadet es nicht, einmal nachzuprüfen, ob das Ich oder der Heilige Geist am Steuer sitzt.

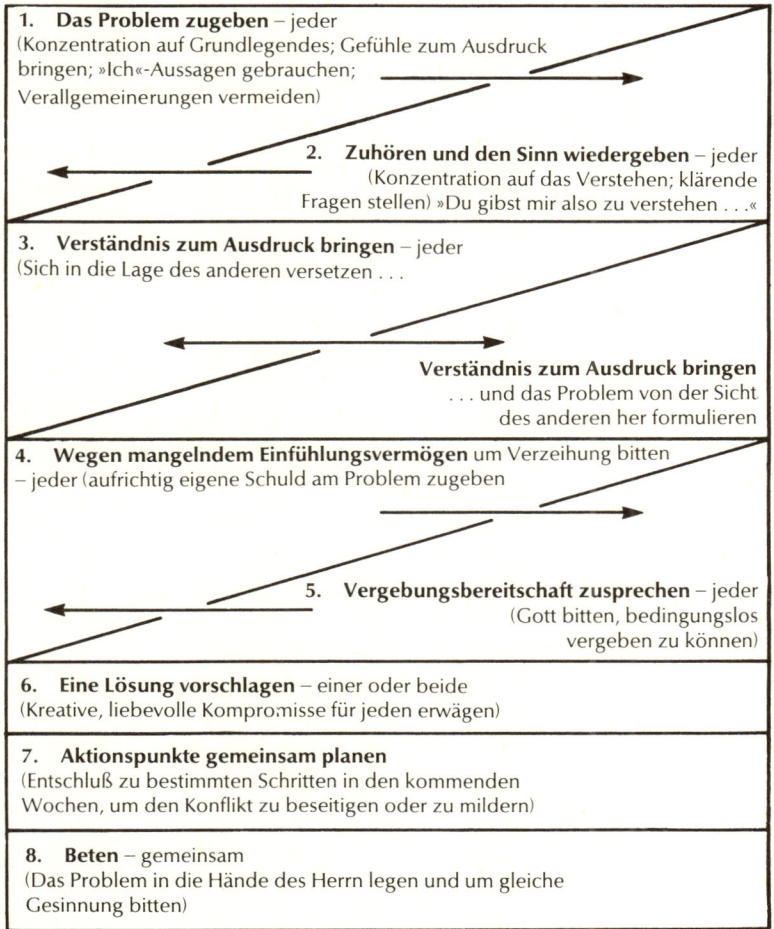

1. **Das Problem zugeben** – jeder
(Konzentration auf Grundlegendes; Gefühle zum Ausdruck bringen; »Ich«-Aussagen gebrauchen; Verallgemeinerungen vermeiden)

2. **Zuhören und den Sinn wiedergeben** – jeder
(Konzentration auf das Verstehen; klärende Fragen stellen) »Du gibst mir also zu verstehen . . .«

3. **Verständnis zum Ausdruck bringen** – jeder
(Sich in die Lage des anderen versetzen . . .

Verständnis zum Ausdruck bringen
. . . und das Problem von der Sicht des anderen her formulieren

4. **Wegen mangelndem Einfühlungsvermögen** um Verzeihung bitten
– jeder (aufrichtig eigene Schuld am Problem zugeben

5. **Vergebungsbereitschaft zusprechen** – jeder
(Gott bitten, bedingungslos vergeben zu können)

6. **Eine Lösung vorschlagen** – einer oder beide
(Kreative, liebevolle Kompromisse für jeden erwägen)

7. **Aktionspunkte gemeinsam planen**
(Entschluß zu bestimmten Schritten in den kommenden Wochen, um den Konflikt zu beseitigen oder zu mildern)

8. **Beten** – gemeinsam
(Das Problem in die Hände des Herrn legen und um gleiche Gesinnung bitten)

Zurück zur Wirklichkeit

Nun ist der Eheausflug zu Ende. Es ist Zeit, nach Hause zu fahren – zur Wäsche, zum Essenkochen, zu Terminen und zu den Realitäten des Alltags mit den Kindern. Wird sich die Euphorie Ihres Eheausflugs halten? Mitnichten! Sie wird mit Sicherheit innerhalb der ersten zehn Minuten nach dem Öffnen der Haustür verflogen sein. Wird der Nutzen bleiben? Ich glaube ja, wenn Sie sich an die Richtlinien in diesem Kapitel halten.

Ich kann schon die Nachbarn in ein paar Jahren reden hören: »Schau dir nur die Salatköpfe in ihrem Garten an! Und hast du gesehen, wie groß die Tomaten sind?«
»Nein – ich mußte nur immer die Blumen anschauen. Ich habe noch nie so leuchtende und frische Farben gesehen!«
»Ja, da hast du recht – und was für eine schöne Gartenmauer!«

Das ist Ihr Ehegarten, über den sie reden – so gut kultiviert, blühend und gedeihend, eine rechte Augenweide und eine rechte Ehre für den Meistergärtner. Fröhliches Gärtnern!

Anhang A

Nacharbeits-
notizen für eine
wachsende Ehe

Ausflugs-
datum: _____   Ort: _____

»Aktionspunkte«

Ehemann: 1. _____

              _____

              2. _____

              _____

Ehefrau: 1. _____

              _____

              2. _____

              _____

Gemeinsam: 1. _____

              _____

              2. _____

              _____

Kinder
Gemeinsam: 1. _____

_____

2. _____

_____

Kinder
(je einen): 1. _____

_____

2. _____

_____

3. _____

_____

Anhang B

Das wirksame Zeugnis von Ihrer christlichen Glaubens- erfahrung

(Falls Sie schon als Kind zu Christus kamen, schreiben Sie Ihr Zeugnis nach den in Klammern stehenden Anleitungen auf.)

1. Wie sah Ihr Leben aus, bevor Sie zum Glauben an Jesus Christus kamen
(Oder bevor Sie ihm Ihr Leben ganz auslieferten?)
   a) Was waren Ihre Einstellungen, Nöte, Probleme?
   b) Worum drehte sich Ihr Leben? Was war Ihnen das Wichtigste?
   c) Wo suchten Sie Ihre Sicherheit, Ihren inneren Frieden, Ihr Glück?
   In welcher Weise blieben Sie in Ihren Tätigkeiten unbefriedigt?
2. Was brachte Sie zu der Entscheidung, sich Christus anzuvertrauen? (Wie kamen Sie dazu, ihm die volle Herrschaft über Ihr Leben zu überlassen?)
   a) Wann hörten und verstanden Sie das Evangelium zum ersten Mal?
   Wie geschah das? (Wann sahen Sie sich zum ersten Mal mit einem dynamischen Christentum konfrontiert?)
   b) Was war Ihre erste Reaktion auf die Botschaft?
   c) Wann und warum erhielten Sie eine positive Einstellung zum Christentum?
   d) Wie (genaue Angaben) haben Sie Christus aufgenommen? Was sagten oder beteten Sie?
3. Was geschah, seitdem Sie Christus aufgenommen haben (oder seitdem Sie ihm die Herrschaft über Ihr Leben ganz übergeben haben)?

a) Was für Veränderungen traten in Ihrem Leben ein: Handlungen, Einstellungen, Probleme? Nennen Sie spezifische Beispiele. Wenn möglich, reden Sie von Veränderungen, die sich auf die Nöte oder Probleme beziehen, von denen Sie im ersten Teil Ihres Zeugnisses sprachen.

b) Wie lange dauerte es, bis Sie Veränderungen sehen konnten?

c) Schluß: Was bedeutet Jesus Christus Ihnen heute?

Einige wichtige Hinweise:

1. Vermeiden Sie es, Denominationen zu nennen oder negative Aussagen über eine Kirche, andere Menschen oder Organisationen zu machen.

2. Gebrauchen Sie keine Ausdrücke wie »voller Freude«, »glücklich« oder »anders geworden«, ohne sie zu erläutern.

3. Vermeiden Sie biblische Ausdrücke wie »errettet«, »wiedergeboren«, »Bekehrung« und »Sünde«, ohne zu erklären, was sie bedeuten.

4. Nennen Sie genügend Einzelheiten, um Interesse zu erwecken. Halten Sie sich aber an eine Zeitspanne von nicht mehr als drei bis vier Minuten.

5. Verwenden Sie nur eine oder (höchstens) zwei Bibelstellen, und auch nur dann, wenn sie direkt zu Ihrer Erfahrung passen und natürlich klingen.

6. Vermeiden Sie es, »Predigten« zu halten. Reden Sie von persönlichen Erfahrungen, mit denen die Zuhörer leicht etwas anfangen können. (Überlassen Sie das Überführen und Überzeugen dem Heiligen Geist.)

Anhang C

Gott persönlich kennenlernen

Vielen Menschen war die folgende Zusammenfassung biblischer Grundgedanken eine Hilfe auf dem Weg zu einer lebendigen Beziehung zu Christus und zu einem neuen Leben aus der Liebe und Kraft Gottes.

Gott liebt Sie. Er hat Sie geschaffen und will, daß Sie eine persönliche Beziehung zu ihm haben.

Gott liebt Sie

»Gott liebt die Menschen so sehr, daß er seinen einzigen Sohn hergab. Nun wird jeder, der sich auf den Sohn Gottes verläßt, nicht zugrunde gehen, sondern ewig leben.«
Johannes 3,16

Gottes Plan für jeden von uns

Jesus sagt: »Ich bin gekommen, um das Leben in seiner ganzen Fülle zu bringen.«
Johannes 10,10

Gott möchte, daß wir ihn kennenlernen

Jesus betet: »Darin besteht das ewige Leben: Die Menschen erkennen dich als den einzigen wahren Gott, und sie erkennen den, den du gesandt hast, Jesus Christus.«
Johannes 17,3

Aber warum erfahren viele Menschen diese persönliche Beziehung zu Gott nicht?

Gott will, daß wir Gemeinschaft mit ihm haben. Aber die Sünde des Menschen hat sie zerstört.

»Alle haben gesündigt und können deshalb nicht vor Gott bestehen.«
Römer 3,23

Worin besteht die Sünde?

Der Sinn des Lebens ist es, Gemeinschaft mit Gott zu erfahren und dadurch auch seinen Plan. Der Mensch meint aber, sein Leben ohne Gott meistern zu können. Er lehnt sich gegen Gott auf und ist ihm gegenüber gleichgültig. Diese Haltung nennt die Bibel Sünde. *»Die Sünde zeigt sich als sittenloses Leben, Unzucht, Zügellosigkeit, Anbetung selbstgewählter Idole, abergläubiges Vertrauen auf übersinnliche Kräfte, Feindseligkeiten, Streitsucht, Eifersucht, Zornausbrüche, Intrigen, Uneinigkeit, Spaltungen, Neid, Trunksucht, üppige Gelage.«*
Galater 5,19–21

Die Folgen der Sünde

»Eure Sünden scheiden euch von eurem Gott!«
Jesaja 59,2

Gott ist heilig und vollkommen. Der Mensch ist sündig. Zwischen beiden besteht eine tiefe Kluft. Der Mensch versucht durch eigene Bemühungen wie gutes Leben, Philosophie, Religiosität oder Mitmenschlichkeit, diese Trennung zu überbrücken und Gott zu erreichen bzw. zu gefallen. Doch alle Anstrengungen sind vergebens, weil sie das Kernproblem der Sünde nicht lösen.

Der nächste Schritt zeigt uns die Antwort für dieses Problem.

Jesus Christus ist Gottes Weg aus der Sünde des Menschen. Allein durch ihn können wir wieder eine persönliche Beziehung zu Gott finden.

Gott selbst hat durch sein Handeln die Kluft überbrückt, die uns von ihm trennt. Er wurde in Jesus Christus Mensch und lebte in unserer Welt. Durch seinen Tod können wir jetzt Vergebung und einen echten Neuanfang erfahren.

Jesus Christus starb stellvertretend für uns
Er starb, um die Trennung zwischen Gott und den Menschen zu beseitigen.
»Christus ist ein für alle Mal für die Schuld der Menschen gestorben. Er, der Schuldlose, starb für die Schuldigen. Das tat er, um euch den Weg zu Gott frei zu machen.«
1. Petrus 3,18

»Gott aber beweist seine Liebe zu uns dadurch, daß Christus für uns gestorben ist, als wir noch Sünder waren.«
Römer 5,8

Jesus ist von den Toten auferstanden
»Diesen Jesus hat Gott auferweckt. Dessen sind wir alle Zeugen.«
Apostelgeschichte 2,32

Seine Auferstehung bezeugt:
● daß er Gottes Sohn ist –
 Römer 1,4

- daß Gott bereit ist, uns zu vergeben –
  Apostelgeschichte 13,34–49
- daß wir seine Gegenwart und Hilfe heute erfahren können –
  Johannes 14,1

Jesus – der einzige Weg?
Jesus sagt: »Ich bin der Weg, die Wahrheit und das Leben; niemand kommt zum Vater als nur durch mich.«
Johannes 14,6

Nur der christliche Glaube spricht davon, daß Gott Mensch geworden ist, um den Menschen zu retten. Die anderen Religionen betonen, daß wir uns durch äußerste Disziplin selber retten müssen. Der christliche Glaube unterstreicht hingegen das völlig unverdiente Geschenk, das Gott uns anbietet. Die nichtchristlichen Religionen sind der Versuch des Menschen, Gott zu erreichen; das Christentum ist Gottes größte Anstrengung, in Jesus Christus den Menschen zu erreichen.

Diese Schritte zu kennen ist nötig; doch das bloße Übereinstimmen mit diesen Aussagen genügt nicht. Ein bewußter Schritt von unserer Seite aus ist notwendig.

Wir können Gemeinschaft mit Gott und neues Leben finden, wenn wir an Jesus Christus glauben und ihm unser Leben anvertrauen.

Glaube
»Denn aus Gnade seid ihr gerettet durch den Glauben, und das nicht aus euch selbst: Gottes Gabe ist es, nicht aus Werken, damit sich niemand rühmen kann.«
Epheser 2,8–9

Umkehr
»So tut nun Buße und bekehrt euch, damit eure Sünden getilgt werden; dann werden Zeiten der Ruhe vom Herrn kommen, . . .«
Apostelgeschichte 3,19

Leben anvertrauen

»Allen aber, die ihn aufnahmen, gab er Macht, Gottes Kinder zu werden, allen, die an seinen Namen glauben.«
Johannes 1,12

An welcher Stelle würden Sie sich in der folgenden Illustration sehen?

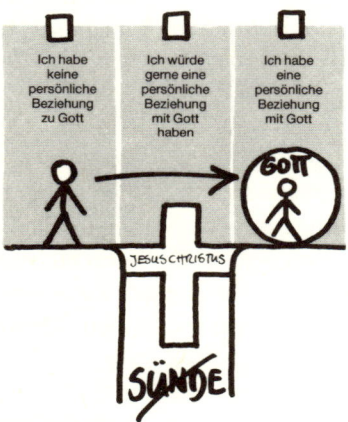

An welcher Stelle würden Sie sich gerne befinden?

Im folgenden wird erklärt, wie ein Leben mit Jesus Christus als Grundlage beginnen kann.

Dazu gehört:
- daß wir Gott unsere Schuld eingestehen;
- daß wir seine Vergebung vertrauensvoll annehmen;
- daß wir ihm die Führung unseres Lebens anvertrauen.

Jesus Christus spricht:
»Siehe, ich stehe vor der Tür und klopfe an. Wer meine Stimme hört und mir die Tür öffnet, bei dem will ich eintreten.«
Offenbarung 3,20

Sie können jetzt bewußt Ihr Leben Jesus Christus anvertrauen.
Dies ist der entscheidende Schritt auf dem Weg mit Gott. Gott kennt Sie. Ihm kommt es nicht auf gut formulierte Worte an, sondern auf Ihre ehrliche Einstellung.

Folgendes Gebet ist eine Möglichkeit, Ihr Vertrauen zu Gott auszudrücken:

*Vater im Himmel, mir ist klar geworden, daß ich mein Leben selbst
bestimmt habe und von dir getrennt bin. Vergib mir meine Schuld.
Danke, daß du meine Sünden vergeben hast, weil Christus für mich
gestorben ist und mein Erlöser geworden ist.
Jesus Christus, bitte übernimm die Herrschaft in meinem Leben und
verändere mich so, wie du mich haben willst. Amen.*

Enstpricht dieses Gebet Ihrem Verlangen?

Wenn ja, dann können Sie es jetzt zu Ihrem eigenen Gebet machen,
und Jesus wird so, wie er es versprochen hat, in Ihr Leben kommen.

Jesus ermutigt uns:
*»Bittet, dann wird euch gegeben, suchet, dann werdet ihr finden,
klopfet an, dann wird euch geöffnet!«*
Matthäus 7,7

**Was geschieht, wenn Sie Ihr Leben Jesus Christus anvertraut ha-
ben?**
- Jesus wird Herr über Ihr Leben. Johannes 20,28
- Er vergibt Ihnen Ihre Sünden. Kolosser 1,14
- Er schenkt Ihnen Geborgenheit, Freude und Hoffnung.
  Römer 14,17
- Sie werden ein Kind Gottes und dürfen zu Gott »Vater« sagen.
  Matthäus 6,9
- Sie erfahren die Kraft des Heiligen Geistes.
  Apostelgeschichte 2,38
- Sie beginnen, an dem sinnerfüllten Leben, für das Gott Sie ge-
  schaffen hat, teilzuhaben. Johannes 10,10

Neues Leben aus der Kraft des Heiligen Geistes
Gott der Heilige Geist ist heute am Wirken. Er befähigt uns zu glau-
ben und schenkt uns neues Leben. Das Leben des Christen ist ein
Leben aus der Kraft des Heiligen Geistes. Er hilft uns, die Bibel zu
verstehen und zu beten. Er schenkt uns Liebe zu Gott und zu den
Mitmenschen.

Gewißheit des ewigen Lebens in Gemeinschaft mit Gott

»Gott hat uns ewiges Leben gegeben, und wir erhalten dieses Leben in seinem Sohn. Wer den Sohn hat, der hat das Leben; wer den Sohn Gottes nicht hat, der hat das Leben nicht.
Das habe ich euch, die ihr an den Namen des Sohnes Gottes glaubt, geschrieben, damit ihr wißt, daß ihr das ewige Leben habt.«
1. Johannesbrief 5,11–13

Praktische Hinweise für ein Leben mit Christus

Das christliche Leben ist ein Wachstumsprozeß. Ihre Beziehung zu Christus vertieft sich, wenn Sie ihm in den Einzelheiten Ihres Lebens immer mehr vertrauen lernen. Dazu einige Ratschläge:

- Versuchen Sie Ihr Leben als Christ nicht aus eigener Kraft zu leben, sondern leben Sie fröhlich und zuversichtlich aus der Kraft des Heiligen Geistes. Nehmen Sie täglich die Vergebung in Anspruch, die Ihnen in Jesus Christus zugesprochen ist.

- Machen Sie Ihren Glauben nicht abhängig von Ihrem Temperament, Ihren Gefühlen und wechselvollen Erfahrungen. Diese sind nicht ausschlaggebend. Entscheidend ist die Verheißung Gottes in seinem Wort. Der Christ lebt **im Glauben.**

- Lesen Sie täglich einen Abschnitt aus der Bibel. Beginnen Sie zum Beispiel mit dem Johannesevangelium. Nehmen Sie dazu eine Bibellesehilfe zur Hand.

- Beginnen und schließen Sie den Tag mit einem Gebet. Bleiben Sie im Gespräch mit Gott. Jede Freundschaft will gepflegt werden, auch die Gemeinschaft mit Gott.

- Christsein ist keine Privatsache. Suchen und pflegen Sie den Kontakt mit anderen Christen.

- Behalten Sie Ihren Glauben nicht für sich, sondern lassen Sie andere Menschen an Ihrem Leben mit Christus teilhaben.

- Setzen Sie die Gaben, die Gott Ihnen gegeben hat, für das Wohl anderer Menschen ein. Denn Glaube und Liebe sind eine Einheit.

Die große Bedeutung der Gemeinde

Im Neuen Testament (Hebräer 10,25) wird uns deutlich gesagt, daß die Gemeinschaft mit anderen Christen eine entscheidende Grundlage für den persönlichen Glauben ist.

Folgendes Beispiel soll dies veranschaulichen:
Mehrere Holzscheite zusammen brennen hell. Legt man aber eines davon zur Seite, dann erlischt dessen Feuer rasch. So verhält es sich auch mit Ihrem Glauben. Ihre Beziehung zu Christus erkaltet rasch ohne die Gemeinschaft.

Darum: Wenn Sie noch nicht zu einer Gemeinde gehören, in der Christus geehrt und die Bibel als Gottes Wort ernstgenommen wird, ergreifen Sie doch selbst die Initiative. Suchen sie regelmäßig die Gemeinschaft mit anderen, die auch Christus als ihren Erlöser kennen und seine Liebe erfahren. Nehmen Sie aktiv am Gottesdienst und am übrigen Gemeindeleben teil.

Anhang D

Anleitung für einen Ehepaarkreis

Dieses Buch kann auch als Ansporn und Anleitung für Ehepaarkreise verwendet werden. Für einige könnte ein zweitägiger Ausflug ein zu großes Hindernis sein, wenn sie keine Starthilfe zum Überspringen der Hindernisse erhalten. Die untenstehenden Richtlinien zeigen Ihnen, wie Sie Ehepaare beim Gruppenaustausch motivieren können, die richtige Richtung einzuschlagen.

Einige Kapitel aus diesem Arbeitsbuch eignen sich gut als Gesprächsgrundlage für kleine Gruppen. Dadurch entsteht eine Atmosphäre, die der Verständigung und offenen Kommunikation dienlich ist. Wenn man hört, daß andere in ihrem Bestreben um eine wachsende christliche Ehe ähnliche Kämpfe und Herausforderungen erleben, kann das eine große Ermutigung sein. Die nachstehenden Vorschläge sind dazu gedacht, daß der anfängliche Gruppenaustausch jedem Ehepaar zu einem fruchtbringenden Gespräch verhilft. Sowohl der Gruppenaustausch als auch das private Gespräch der Ehepaare kann während der Veranstaltung stattfinden. Diese Gespräche sollten an den anschließenden Tagen Impulse für weitere Kommunikation geben.

Vorschläge für den Beginn eines Ehepaarkreises:

1. Suchen Sie sich drei bis fünf (höchstens sechs!) Ehepaare, die gern den sechswöchigen Versuch eines Ehepaarkreises starten würden.
(Eine kurze bestimmte Zeitspanne ist attraktiver als eine längere von unabsehbarer Dauer.)

2. Zeigen Sie ihnen das Buch (insbesondere das Inhaltsverzeichnis sowie die Anordnung eines typischen Kapitels) und erklären Sie ihnen, wie der Abend gestaltet werden soll.

3. Wählen Sie einen Abend pro Woche, an dem alle für ca. zwei Stunden zusammenkommen können. Suchen Sie nach einer Wohnung mit genug Räumen, in denen jedes Ehepaar einige der Fragen privat besprechen kann.

4. Ermutigen Sie jedes Ehepaar, das Buch zu kaufen und vor der ersten Zusammenkunft Kapitel 1 und 2 zu lesen. Sie sollten auch ein kleines Loseblatt-Notizbuch als »Gesprächsordner« für die sechs Wochen mitbringen.

Überblick über das Sechswochenprogramm:

1. Woche – Kapitel 6: Öffnen Sie Ihre »Dose Würmer«
2. Woche – Kapitel 8: »Nimm du den Spaten, ich nehme die Harke« (1. Hälfte)
3. Woche – Kapitel 8: »Nimm du den Spaten, ich nehme die Harke« (2. Hälfte)
   (Nach der 3. Woche entscheiden die Seminarteilnehmer, welches der folgenden Kapitel sie in der 4. Woche durchnehmen wollen.)
4. Woche – Kapitel 12: Die Pflege Ihrer Olivensprößlinge
   oder
   Kapitel 7: Mörtel für Ihre Gartenmauer
5. Woche – Kapitel 3: Prüfen Sie Ihren Eheboden
6. Woche – Ausklang (vielleicht bei einem gemeinsamen Essen).

Gestaltung der 1. bis 4. Woche:

15 Min. Erfrischungen und allgemeiner Austausch.

5–10 Min. Bestimmen Sie jemanden, der den ersten Teil des Textes vom vorgesehenen Kapitel (bis »Kommen wir miteinander ins Gespräch«) vorliest.

10–15 Min. Das erste Bibelstudium als Gruppe gemeinsam machen.
(Möglicherweise reicht die Zeit auch noch für das nächste Bibelstudium.)

10–15 Min. Wählen Sie eine oder zwei Fragen aus dem Teil unter »Kommen wir miteinander ins Gespräch« oder aus dem ersten »Austausch«-Teil und leiten Sie die Diskussionsrunde. (Nehmen Sie Fragen, die sich für den Austausch in der Gruppe eignen und es den Ehepaaren erleichtern, anschließend zu zweit weiter darüber zu sprechen.)

45–50 Min. Teilen Sie sich als Ehepaare so auf, daß jedes Paar einen Raum für sich hat, wo es das restliche Kapitel weiter lesen und durcharbeiten kann. Betonen Sie, daß eine gründliche Aussprache viel wichtiger ist, als in Eile das gesamte Kapitel durchzunehmen. (Bei einem Treffen sollte nicht mehr als eine Hälfte von Kapitel 8 durchgearbeitet werden.)

20 Min. Treffen Sie sich wieder in der Gruppe zu einer »Gesprächsrunde«, in der anonyme Fragen aus dem Kreis beantwortet werden. (Verteilen Sie Zettel und Bleistifte. Ermuntern Sie jeden, eine Frage aufzuschreiben, die er gern von anderen beantwortet hätte. Die gefalteten Zettel werden an den Gesprächsleiter zurückgegeben, der die Fragen nach Prioritäten ordnet, vorliest und je nach Zeit von der Gruppe beantworten läßt. Der Gesprächsleiter vernichtet anschließend alle Zettel, damit die Identität der Fragesteller gewahrt bleibt.)

5 Min. Die Ehepaare erhalten nun die Hausaufgabe, den Rest ihres Kapitels während der Woche miteinander durchzusprechen. Schließen Sie das Treffen mit Gebet, wobei Sie ganz bewußt den Ehebereich, der an diesem Abend erörtert wurde, der Herrschaft des Herrn übergeben.

Gestaltung der 5. Woche:
(Vorbereitende Hausaufgabe: Anhang C durchlesen.)
15 Min. Erfrischungen und allgemeiner Austausch.
45 Min. Diskussionsrunde über die Fragen. (Lesen Sie – jeder für sich – die folgenden Abschnitte und besprechen Sie gemeinsam die Fragen):

A) »Der erste Nährstoff: Gnade«
1. Welche Gefühle und andere Reaktionen erfahren Sie, wenn Ihr Partner Ihnen »in Gnade« begegnet?
2. In welcher Weise hat das »Phantom« in Ihrer Ehebeziehung zugeschlagen?

B) »Der zweite Nährstoff: Verbindlichkeit«
3. In welcher Beziehung steht Ihr Hochzeitsgelübde zu Ihrer gegenseitigen lebenslangen Hingabe? (Bezugnahme auf den Abschnitt »Ein bindender Vertrag«)

C) »Der dritte Nährstoff: Der Heilige Geist«
4. Wie können Sie wissen, ob der Heilige Geist in Ihrer Ehebeziehung gegenwärtig ist?
5. Welche Auswirkungen sollten sich in der Ehebeziehung zeigen, wenn beide Partner »mit dem Geist erfüllt« sind? (Bezugnahme auf Anhang C)
35 Min. Aufteilung nach Ehepaaren; jedes Paar geht in einen Raum für sich und spricht über folgende Fragen:
6. Was sind einige Beispiele des »Leistungsmaßstabes«, die Sie in Ihrer Ehe beobachten konnten?
7. Erörtern Sie die Springbrunnen-Illustration. Welche Anwendung auf Ihre Ehebeziehung finden Sie darin?
8. Wie könnten Sie praktisch und konkret Ihre gegenseitige Hingabe zum Ausdruck bringen?
9. Was sind die ersten Anzeichen dafür, daß Sie nicht vom Heiligen Geist beherrscht sind, sondern sich in der Ehebeziehung auf eigene Anstrengungen verlassen? (Partner antworten für sich selbst.)
10. In welcher Hinsicht müssen Sie (als Ehepaar) zu den Grundlagen – Gnade, Verbindlichkeit und ein vom Geist Gottes erfülltes Leben – zurückkehren?

Gestaltung der 6. Woche:

Während des gemeinsamen Essens:
– Allgemeiner Austausch über das Gelernte und über Gottes Wirken in der eigenen Ehe.

210

Nach dem Essen:
- Ein kurzes Bibelgespräch über »Liebe durch den Glauben« (Kapitel 14, Seite 184)
- »Sich jemandem verantwortlich machen« durchlesen (Kapitel 14, Seite 190) und zukünftige anders gestaltete Aktivitäten des Kreises besprechen.
- Ermutigung der einzelnen Ehepaare zum Eheausflug innerhalb der nächsten beiden Monate. Ideenaustausch über gegenseitige Hilfe, um den Ausflug zu ermöglichen.
- Gebetsanliegen mitteilen und mit Gebetsgemeinschaft schließen.

Quellen-
nachweis

Kapitel 3
1. L. L. Legters, »The Simplicity of the Spirit-Filled Life« (Die Einfachheit des vom Geist erfüllten Lebens), Farmingdale, Christian Witness Products, 1930.

Kapitel 6
1. Adaptiert aus dem Notizbuch der Family Life Conference (Arbeitszweig von Campus für Christus International). Mit Genehmigung.
2. Lawrence J. Crabb, Jr., »In guten wie in bösen Tagen«, Brunnen Verlag.

Kapitel 7
1. Tim Timmons, »One Plus One« (Eins plus eins), Canon Press, 1974.

Kapitel 8
1. Tim LaHaye, »Geisterfülltes Temperament«, Leuchter Verlag.
2. Charles R. Swindoll, »Entfache das alte Feuer«, Verlag der Francke-Buchhandlung.
3. Das Material in diesem Abschnitt wurde adaptiert aus einer Botschaft von Ney Bailey, Koordinatorin der nationalen Frauenarbeit von Campus für Christus, USA.

Kapitel 9
1. Adaptiert aus dem Notizbuch der Family Life Conference (Arbeitszweig von Campus für Christus International).

2. John Leo, »The Revolution Is Over«, Time Magazine, (9. April 1984), 51.
3. Dr. James Dobson, »Das solltest du über mich wissen«, Verlag Schulte + Gerth.
4. dto.
5. Linda Dillow, »Creative Counterpart« (Kreativer Gegenpol), Thomas Nelson, Inc., 1977.
6. Lawrence J. Crabb, Jr., »In guten wie in bösen Tagen«, Brunnen Verlag.

Kapitel 10
1. Bruce Cook, »Faith Planning« (Glaubensplanung), Victor Books, 1983.
2. Kent Hutcheson in einer Botschaft unter dem Titel »Dreaming God's Dreams« (Gottes Träume träumen).
3. Terry Fulham, »The View From Above« (Der Blick von oben), Leadership Magazine (Winter 1984) 17.
4. The Leadership Dynamics Seminar Notebook, S. 34–35. Mit Genehmigung.
5. David P. Campbell, »If You Don't Know Where You're Going, You'll Probably End up Somewhere Else« (Wenn Sie nicht wissen, wohin Sie gehen, werden Sie wahrscheinlich irgendwo anders landen) Argus Communications, 1974.
6. Alan Lakein, »How to Get Control of Your Time and Life« (Wie Sie die Kontrolle über Ihre Zeit und Ihr Leben erhalten), New American Library, 1974.

Kapitel 11
1. Larry Burkett, »How to Manage Your Money« (Der rechte Umgang mit Ihrem Geld), Moody Press, 1982.
2. Larry Burkett, »What Husbands Wish Their Wives Knew About Money«, (Geldkenntnisse, die sich Männer bei ihren Frauen wünschen), Victor Books, 1977.
3. Charles R. Swindoll, »Entfache das alte Feuer«, Verlag der Francke-Buchhandlung.

Kapitel 12
1. Edith Schaeffer, »The Family: Worth Keeping Together« (Die Familie – sie ist es wert, zusammengehalten zu werden), Focus on the Family Magazine (April 1984).

2. Walter A. Henrichsen,»How to Disciple Your Children« (Die Erziehung Ihrer Kinder zur Jüngerschaft) Victor Books, 1981.
3. Mike Phillips,»Building Respect, Responsibility and Spiritual Values in Your Child« (Wie Sie Ihren Kindern Ehrfurcht, Verantwortung und geistliche Werte vermitteln), Bethany House Publishers, 1981.
4. Dr. James Dobson,»Minderwertigkeitsgefühle – eine Epidemie«, Editions Trobisch.
5. Phillips, dto.

Kapitel 13
1. Helmut Thielicke,»The Salt, Not the Honey of the World« (Das Salz, nicht der Honig der Welt), Leadership Magazine (Winter 1983).
2. Interview mit Rebecca Manley Pippert in »Today's Christian Woman« (Juli–August 1984).
3. Adaptiert aus einem Aufsatz von Kent Hutcheson.
4. Pippert, dto.
5. Informationen zu Seminaren über persönliche Evangelisation schickt Ihnen auf Verlangen gern: Campus für Christus, Schiffenberger Weg 11, D–6300 Gießen oder Campus für Christus, Universitätsstraße 67, CH–8006 Zürich.
6. Larry Burkett,»Your Finances in Changing Times« (Ihre Finanzen in veränderlichen Zeiten), Moody Press, 1975.
7. dto., S. 150

Kapitel 14
1. Leo Habets in einer Botschaft an die Leiter von Campus für Christus in Europa, Januar 1984.
2. Adaptiert aus Bill Brights Büchlein »Andere durch Glauben lieben – Wie lernt man das?« (Mitteilbare Konzepte 8), Hänssler-Verlag
3. Adaptiert aus dem Notizbuch der Family Life Conference (Arbeitszweig von Campus für Christus International). Mit Genehmigung.

Bibliographie

Das Eheleben

Crabb Lawrence J., »In guten wie in bösen Tagen«, Brunnen Verlag.
Gene Getz, »Die Ehe aus biblischer Sicht«, Dynamis Verlag.
Strauss Richard, »Geheimnisse biblischer Ehen«, Verlag der Francke Buchhandlung.
Swindoll Charles, »Entfache das alte Feuer«, Verlag der Francke Buchhandlung.
Scheunemann V. & G., »Ein Leben voller Glück und Geborgenheit«, Hänssler Verlag.
Trobisch Walter, »Mit Dir«, Vandenhoeck & Ruprecht.
Wheat Ed, »Liebe ist Leben«, Verlag Schulte + Gerth.

Das Glaubensleben

Bailey Ney, »Glaube ist kein Gefühl«, Campus für Christus/Hänssler Verlag.
Bright Bill, »Überraschungen mit Gott«, Hänssler Verlag.
McDowell Josh, »Werden wie Gott mich meint«, Editions Trobisch.
McDowell Josh/Larson Bart, »Jesus – eine biblische Verteidigung seiner Gottheit«, Verlag Schulte + Gerth.
McDowell Josh/Don Stewart, »Antworten auf skeptische Fragen über den christlichen Glauben«, Memra Verlag.
McDowell Josh/Don Stewart, »Fakten über das Christentum, die Zweifler kennen sollten«, Memra Verlag.
Packer J. I., »Gott erkennen«, Verlag der Liebenzellermission.

Kommunikation ohne Schranken

Jakobs Ben & Barbara, »Partnerschaft heute« (Kassetten), Hänssler Verlag.

Mühlan Eberhard, »Wir halten zusammen«, Verlag Schulte + Gerth.

Smalley Gary, »Entdecke deinen Mann«, Editions Trobisch.

Smalley Gary, »Entdecke deine Frau«, Editions Trobisch.

Geistliche Einheit

Shedd Charlie & Barbara, »Geistliche Partnerschaft in der Ehe«, Hänssler Verlag.

Lahaye Tim, »Gott macht deine Familie reich und glücklich«, Verlag der Liebenzellermission.

Lahaye Beverly, »Das geistliche Leben einer Frau«, Verlag Schulte + Gerth.

Stille Zeit

Busch Wilhelm, »365x ER«, Verlag Aussaat.

Chambers Oswald, »Mein Äußerstes für sein Höchstes«, Haller Verlag.

Giesen Heinrich, »Sei fünf Minuten still«, Telos Taschenbuch.

MacDonald William, »Licht für den Weg«, Christl. Lit. Verbreitung.

Foster Richard, »Nachfolge feiern«, Oncken Verlag.

Grünzweig Fritz, »Vater unser – Beten in der Schule Jesus«, Verlag der Liebenzellermission.

Spurgeon C. H., »Auf Dein Wort«, Verlag Schulte + Gerth.

Einander verstehen

Christenson Larry, »Das christliche Ehepaar«, Leuchter Verlag

Dobson James, »Das solltest du über mich wissen«, Verlag Schulte + Gerth.

Dobson James, »Man hat's nicht leicht als Mann«, Editions Trobisch.

Lahaye Tim, »Geisterfülltes Temperament«, Leuchter Verlag.

Lahaye Tim, »Kennen Sie Ihren Mann?«, Verlag der Liebenzellermission.

Smalley Gary, »Entdecke deinen Mann«, Editions Trobisch.

Smalley Gary, »Entdecke deine Frau«, Editions Trobisch.

Das Intimleben

Dobson James,»Das solltest du über mich wissen«, Verlag Schulte + Gerth.

Jürgens Jan & Jessica,»Geheimnisvolles Du«, Editions Trobisch.

Lahaye Tim & Beverly,»Wie schön ist es mit dir«, Verlag Schulte + Gerth.

Trobisch Ingrid,»Mit Freuden Frau sein« Band 1 + 2, R. Brockhaus Verlag.

Prioritäten setzen und danach leben

Douglass Stephen,»Die Zeit im Griff«, Hänssler Verlag.

Ortlund Anne,»Ratschläge von Frau zu Frau« (Siehe Kapitel 2), Leuchter Verlag.

Die Finanzen

Benson Dan,»Der totale Mann«, 15. und 16. Kapitel, Leonis Verlag, Auslieferung Editions Trobisch.

Dobson James,»Man hat's nicht leicht als Mann«, Editions Trobisch.

Gerber Samuel,»Wir Christen und das liebe Geld«, Brunnen Verlag.

Elternschaft

Mewes Christa,»Es geht um unsere Kinder«, Brunnen Verlag.

Ruthe Reinhold,»Elternbuch«, R. Brockhaus Verlag.

Stewart Katrine,»Was eine Mutter bewegt«, Editions Trobisch.

– Kindererziehung:

Campbell Ross,»Kinder brauchen mehr Liebe«, Verlag der Francke Buchhandlung.

Campbell Ross,»Teenager brauchen mehr Liebe«, Verlag der Francke Buchhandlung.

Campbell Ross,»Kinder sind wie ein Spiegel«, Verlag der Francke Buchhandlung.

Cuthbertson Duane,»Hilfe, ich erziehe«, Verlag der Francke Buchhandlung.

Dobson James,»Das eigenwillige Kind«, Editions Trobisch.

Dobson James,»Unsere Kinder sind unmöglich«, Editions Trobisch.

Dobson James, »Minderwertigkeitsgefühle – eine Epidemie?«, Editions Trobisch.

Smalley Gary, »Der Schlüssel zum Herzen unseres Kindes«, Editions Trobisch.

Sullivan Barbara, »Warum bin ich so?«, Editions Trobisch.

– *Kinder und der Glauben:*

Adams Jay E., »Christsein auch zu Hause«, Brunnen Verlag.

Blankenbaker F./Mears H., »Bibellesen leicht gemacht«, Francke/Hänssler Verlag.

Hendricks William, »Theologie für Kinder«, Verlag der Francke Buchhandlung.

»Feste feiern«, Hänssler Verlag.

Naujokat Gerhard, »Können wir unsere Kinder zum Glauben erziehen?«, Hänssler Verlag.

Taylor Kenneth, »Bilderbibel für die Kleinen«, Schulte + Gerth/Brunnen Verlag.

Theobald Dieter & Vreni, »Handbuch für die Kinderarbeit«, Brunnen Verlag.

Bücher für die, die auf der Suche sind

Lewis C. S., »Pardon ich bin Christ«, Brunnen Verlag

McDowell Josh & Stewart Don, »Fakten über das Christentum, die Zweifler kennen sollten«, Memra Verlag.

McDowell Josh, »Die Tatsache der Auferstehung«, Verlag Schulte + Gerth.

Persönliche Evangelisation

Bright Bill, »Mitteilbare Konzepte«, Hefte 1–9, Hänssler Verlag.

Busch Wilhelm, »Jesus, unser Schicksal«, Schriftenmissions-Verlag.

Hicks Robert & Bewes Richard, »Die Wahrheit der Bibel«, Heft 1–9, Hänssler Verlag.

Little Paul, »Ich weiß, warum ich glaube«, Hänssler Verlag.

MacDonald Williams, »Wahre Jüngerschaft«, Hänssler Verlag.

Die Navigatoren, »Wie leite ich eine Bibelstudiegruppe«, NavPress.

Peabody Larry, »Christ sein am Arbeitsplatz«, Verlag Schulte + Gerth.

Roger und Donna Vann

Wie kann ein Ehegarten, der verwildert ist, wieder in einen schönen Garten verwandelt werden? Wie kann in einer Ehe eine fruchtbare Beziehung wiederhergestellt werden und die Liebe wachsen, statt in ihrem Wachstum durch Unkraut behindert zu werden? Donna und Roger Vann zeigen, daß beide Partner an sich und ihrer Beziehung arbeiten müssen, damit die Liebe gedeihen und Früchte tragen kann.

Der Ehegarten muß gepflegt, umgegraben, bewässert und gedüngt werden. Der Eheboden muß mit wachstumsfördernden Stoffen wie Zuwendung zu Gott, Unterstützung, Verbindlichkeit und Vergebung genährt werden. Ein guter »Ehedünger« ist ein »Ausflug zu zweit«, der dazu beiträgt, daß die Kommunikation nicht zum Stillstand kommt.

Dieses Handbuch ist das Ergebnis einer persönlichen Erfahrung mit solchen Ausflügen. Es eignet sich gut für Ehepaare zur Vertiefung ihrer Beziehung sowie zum Studium in einem Ehepaarkreis.

 Editions Trobisch